中等职业学校规划教材

应用文情境写作实训教程

第二版

唐国娟 主编

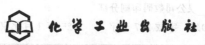

·北京·

本书是根据国家关于职业教育发展中等职业学校语文教学的基本要求，从职业院校毕业生就业岗位的需要出发，根据职业院校学生的知识、能力、经验和兴趣，选取日常应用文、事务应用文、行政公文、宣传应用文、社交礼仪应用文、财经应用文、司法应用文、科技应用文8大类36种应用文为教学内容。以完成教学任务为着眼点，运用任务驱动的教学理念，激发学生的自主性和合作性，在保证各专业学生掌握必备的写作能力的前提下，力求使教学重点、难点辐射到不同专业、岗位，与各专业的知识与技能教学相通相接，促进学生专业能力的提升。

本书突出以下几个特点：①面向职业，面向企业，贴近实际，贴近岗位，充分体现以就业为导向的要求；②体例设计新颖，操作性强；本书按照学习任务—任务背景—任务分析—例文引路—友情提示—相关链接—任务巩固的体例编写，符合理论实践一体化和任务驱动教学法的要求；③学练结合，以练为主。师生教学互动，融竞争性、趣味性、知识性、技能性于一体，举一反三、触类旁通。

本书可作为职业院校通用的实用写作教材，也可作为相关能力培训教材。

图书在版编目（CIP）数据

应用文情境写作实训教程/唐国娟主编. —2版.
北京：化学工业出版社，2015.10（2025.1重印）
中等职业学校规划教材
ISBN 978-7-122-24984-5

Ⅰ.①应… Ⅱ.①唐… Ⅲ.①汉语-应用文-写作-中等专业学校-教材 Ⅳ.①H152.3

中国版本图书馆CIP数据核字（2015）第196113号

责任编辑：于 卉　　　　　　　　　　　　文字编辑：赵爱萍
责任校对：李 爽　　　　　　　　　　　　装帧设计：王晓宇

出版发行：化学工业出版社（北京市东城区青年湖南街13号　邮政编码100011）
印　　装：北京科印技术咨询服务有限公司数码印刷分部
787mm×1092mm　1/16　印张10¾　字数257千字　2025年1月北京第2版第4次印刷

购书咨询：010-64518888　　　　　　　　售后服务：010-64518899
网　　址：http://www.cip.com.cn
凡购买本书，如有缺损质量问题，本社销售中心负责调换。

定　价：26.00元　　　　　　　　　　　　　　　　　　　版权所有　违者必究

第二版前言 FOREWORD

为培养中职学校学生具有适应未来职场需要的写作能力，使他们掌握常见应用文的写作方法与技巧，并能在今后的职业活动中根据特定的情境和具体的要求熟练写作应用文，我们依据中等职业学校语文教学大纲，结合学生的实际，编写了这本《应用文情境写作实训教程》。

为从知识、方法、能力等方面体现应用文教学目标，编写以引导学生实践为主要特点的教材，我们采用职业任务驱动的教学模式，根据中职学生日常生活、工作和学习的实际需要组织内容，依据中等职业学校培养目标及专业设置的特点，构建本教材的逻辑结构和体例框架，遴选例文，设计练习，使本教材具有较强的实用性、相当的适应性，为提升学生的职业素养奠定基础。

本教材有如下特点。

（1）职业特色突出。本教材以就业为导向，以能力为本位，以"实用、够用"为原则，努力营造一种类似或接近工作岗位的氛围，使学生置身其中，宛如进入职业角色，这样有助于他们毕业后就业创业的需要。全书内容面向职业，面向企业，贴近实际，贴近岗位，为学生专业学习服务，为学生职业生涯发展服务。

（2）体例设计新颖。本书按照理论实践一体化和任务驱动教学法的要求，以"学习任务—任务背景—任务分析—例文引路—友情提示—相关链接—任务巩固"的体例编写，形成知识要点、例文导学、写作实践三大教学模块。知识要点部分梳理并简要阐释应用文的概念、种类、格式和写作要求，让学生理解、掌握应用文的写作规律；例文选择具有典范性、时代性，并能体现专业特色和日常学习、生活、职场情境的应用文样本，以激发学生阅读兴趣，具有较强的示范作用和参考价值；写作实践，结合专业类别，按照情境性的原则，设置多种写作题型，帮助学生运用知识、技能形成应用文写作能力。全教材做到有规则可以遵循，有范例可以借鉴，有方法可以运用，有技能可以精练，易学、易懂、易练，实用性和操作性强。

（3）训练体系科学。本教材训练设计富于启发性，注重调动学生参与的积极性，突出重点、难点，循序渐进，难易结合，评、改、写结合，单项训练和综合实训结合，形式和方法多样，让学生喜闻乐练，能够将知识转化为能力，实际、实用、实效。融竞争性、趣味性、知识性、技能性于一体，举一反三，触类旁通，易于收到事半功倍的教学效果。

本教材由唐国娟主编，段德群主审，师友伟、陈崇文、罗施兵参与编写。

感谢所有为本书出版付出辛劳、提供支持和帮助的人们。

由于编者水平有限,书中难免有疏漏之处,期待同行专家、教师、同学们以及广大社会读者对本书多提宝贵意见。

最后,愿大家都能从本书有所收益,也祈盼大家反馈。

编　者

2015 年 9 月

目 录

CONTENTS

第一章　绪论　/ 001

第二章　日常应用文　/ 007

　第一节　便条　单据　/ 007
　第二节　启事　海报　/ 013
　第三节　申请书　/ 019
　第四节　倡议书　/ 022
　第五节　求职信　/ 025

第三章　事务应用文　/ 030

　第一节　计划　/ 030
　第二节　总结　/ 035
　第三节　会议记录　/ 039
　第四节　规章制度　/ 044
　第五节　调查报告　/ 047

第四章　行政公文　/ 052

　第一节　通知　/ 052
　第二节　请示　/ 057
　第三节　报告　/ 061
　第四节　函　/ 065

第五章　宣传应用文　/ 070

　第一节　消息　/ 070
　第二节　广播稿　/ 076
　第三节　演讲稿　/ 080
　第四节　解说词　/ 086

第六章　社交礼仪应用文　/ 092

　第一节　请柬　/ 092

第二节　欢迎词　欢送词　　/ 096
　　第三节　开幕词　闭幕词　　/ 102

第七章　财经应用文　/ 109

　　第一节　商业广告　/ 109
　　第二节　产品说明书　/ 114
　　第三节　经济合同　/ 118
　　第四节　招标书　投标书　/ 124

第八章　司法应用文　/ 132

　　第一节　起诉状　/ 132
　　第二节　上诉状　/ 137
　　第三节　答辩状　/ 143
　　第四节　申诉状　/ 147

第九章　科技应用文　/ 153

　　第一节　实验报告　/ 153
　　第二节　毕业论文　/ 157

参考文献　/ 165

第一章
绪 论

应用文与我们日常生活和工作有密切的关系。我们要了解天下大事，就要阅读报刊、收听广播、收看电视；以法治国，要有各种法规文件；召开会议，要有会议文件；党政机关指导工作，要有许多公文；机关、企事业单位要正常运转，要有计划、总结、报告等事务文书；人们礼尚往来常常借助于请柬、贺卡等。这诸多的文字材料，大部分都是应用文。特别是我国加入WTO后，八方宾客纷至沓来，公共关系空前活跃，写好应用文不管是对个人还是对单位及社团塑造形象，处理好各种关系，都起着重要作用。现在，我们已经进入信息化时代。美国未来学家阿尔温·托夫勒指出，信息时代家庭工作的任务是编制电脑程序、写作、远距离监测生产过程。信息时代社会家庭化，作为三项家庭工作任务之一的写作，自然不是文学写作而是文章写作，特别是应用文写作。从预见变化、促成变化这个角度来说，社会愈是进步，应用文在社会发展中的地位愈加重要。

可见，大到整个国家，小到某一个单位，甚至个人，要进行正常的活动，都离不开应用文，当然也就离不开应用文写作。因此，应用文写作成为一个有教养的现代公民，特别是当代的中等职业学校的学生必备的素质之一。因此，我们要认真学习应用文写作知识，并能撰写常用的应用文。

一、应用文的概念

应用文是国家机关、企事业单位、社会团体和人民群众，在日常的工作、学习和生活中，办理公务、处理私事时所使用的具有一定格式的实用性文体的统称。由于其通俗易懂、实用性强，也有人把它称作实用文。

二、应用文的作用

应用文具有较为广泛的社会功能，它在人们的交往中起着重要作用。具体来讲，我们可以将其归纳为以下几点。

1. 指导工作、规范行为的作用

这主要体现在上级党政机关颁发的各类公文中。如法规性公文对下属部门或单位以及人民群众的工作或行为具有强有力的规范、约束作用；党和政府下发的各类文件，其中的方针政策对下级做好各项工作均起到明确的指导作用；有些反映工作情况、通报典型事件、总结经验教训的公务类文书，能给下属单位及有关人员起到教育、借鉴作用，同时也体现了一定的指导作用。

应用文的许多种类都不同程度地规定了人们的行动准则和行为方向，特别是法规性和政令性文件，对于人们该干什么，不该干什么，在什么时间、什么范围、什么问题上可干或不可干，能干到什么程度等，都有明确的规定，有的还具体地制订了奖惩办法。这类文件一经发布，就必须坚决执行，任何人都不得违反。

2. 交流思想经验、互通信息、联络情感的作用

无论个人与个人之间，单位与个人之间还是不同的单位之间的交流都日益频繁，所以许多应用文就起着沟通双方情感、互通信息的重要作用。家书、情书类应用文自不待言，那些向对方表示祝贺、感谢、慰问等的书信或电报也具有这一作用。

3. 广告宣传的作用

起广告宣传作用的日常应用文很多，像海报启事类的应用文，其中许多就是主要为了宣传而写的。它就是要将有关的信息刊登发布出来，让尽可能多的人了解知道，从而满足其业务或个人其他目的的需要。有些日常应用文要配上图片或一些装饰物，其目的也就是为了使其更好地起到广告宣传的作用。

4. 凭证性作用

应用文中有很大一部分具有凭证性功能。有些事务，特别是有关钱、财交流的，事后都要有可靠的凭据才好说话，因此像证明信、条据、聘书等日常应用文就起到了其作为凭证的作用。

5. 提供和保存一些历史资料的作用

应用文反映单位和个人的种种活动，记载着各个时期的政治、经济和文化等方面的情况，因此它可以保存和积累大量的历史资料，为今后有关部门和个人的研究提供方便。

三、应用文的分类

应用文种类繁多，按不同的标准可以划分为不同的类型。如按其处理事情的性质分，有公务类应用文和私务类应用文。如按表达方式分，有以记叙为主要表达方式的应用文、以说明为主要表达方式的应用文、以议论为主要表达方式的应用文。如按使用领域分，有行政类应用文（包括国家行政机关公文和日常行政公文）、专业工作应用文、日常生活应用文。此外，还可根据行文方向、内容性质或其他管理文件的标准来划分。

本书以学生未来生活中可能面临的若干问题为线索，从方便学生实用、有利于学生发展的角度，将它分为以下八类。

1. 行政公文

按照2012年4月16日中共中央办公厅和国务院办公厅联合印发的《党政机关公文处理工作条例》的规定："党政机关的公文，是党政机关实施领导、履行职能、处理公务的具有特定效力和规范体式的文书，传达贯彻党和国家方针政策，公布法规和规章，指导、布置和商洽工作，请示和答复问题，报告、通报和交流情况等的重要工具。"包括决议、决定、命令（令）、公报、公告、通告、意见、通知、通报、报告、请示、批复、议案、函、纪要。

2. 事务应用文

事务应用文是党政机关、社会团体、企事业单位为反映事实情况、解决问题、处理日常事务而普遍使用的文书，它具有很强的实用性、事务性和某种惯用格式。包括计划、总结、会议记录、规章制度、调查报告等。

3. 日常应用文

日常应用文是指机关、团体、企事业单位和个人在日常生活、工作和学习中所使用的，具有一定规范体式，能起交流思想、沟通感情、传递信息等作用的应用文书。包括一般书信、专用书信、启事、海报、便条、条据等。

4. 宣传应用文

宣传应用文是指起宣传、报道、鼓动、介绍作用的应用文体。包括消息、广播稿、演讲稿、解说词等。

5. 社交礼仪应用文

社交礼仪应用文是人们在互相平等、相互尊重的基础上，为了促进双方之间关系的发展，形成的一种适用于社交场合的应用文。包括请柬、欢迎词、欢送词、开幕词、闭幕词、讣告、悼词等。

6. 财经应用文

财经应用文是国家机关、企事业单位、社会团体根据党和国家在一定时期内的经济政策、法律、法令，以经济现象、经济工作为反映对象，记录、加工和传播有关经济工作信息，为解决有关经济工作实际问题而撰写的具有一定体式的文书。包括商业广告、产品说明书、经济合同、招标书、投标书、市场预测报告等。

7. 法律应用文

法律应用文是国家司法机关和法律授权的专门组织（律师、公证、仲裁三个组织）以及诉讼当事人依法制作的处理诉讼案件和与诉讼有紧密联系的非诉事件的具有法律效力或法律意义的文书的总称。包括起诉状、上诉状、答辩状、申诉状等。

8. 科技应用文

科技应用文是人们用于科学技术、学术研究和科技管理方面的应用文。包括实验报告、科学小品等。

虽然这种分类不是严格意义上的学科分类，但是符合中职应用性人才培养的总目标。

四、应用文的特点

每一大类甚至每一种文体的应用文都有各自的特点，但就总体而言，应用文具有以下基本特点。

1. 文体的实用性

实用性，是指应用文无论在处理公共事务还是私人事务中，都具有实际应用的价值。具有直接应用价值是应用文区别于其他文章的本质属性和根本特点。它决定了应用文的其他特点。无论是党政机关、企事业单位、社会团体撰写的公务文书，还是人们在日常生活、学习、工作中撰写的事务类文书，其根本目的都是为了处理或解决实际问题，文中不仅要摆出这个问题是什么，而且要明确提出解决这个问题的具体意见、办法，直接为解决现实问题而写。都是具有一定实用价值的。实用性是判断应用文好坏的价值尺度。

2. 使用的广泛性

在各类文体中，应用文的使用频率最高。党政机关、企事业单位用它上传下达、办理公务；普通人用它来交流信息和思想。可以说，社会各界、各行各业，无论处理公务还是办理私事，都要使用应用文体，只不过由于具体内容、功能、对象的不同，适用的文种不同罢了。正因为如此，应用文使用范围的广泛性是其他文体所不能比拟的。

3. 格式的规范性

写作格式的固定是应用文的显著特点。它是历史留传、人们习以为常、约定俗成的，任何人不可随意违反它的固定格式，否则就是不伦不类的，就达不到应用文的写作目的。

应用文格式的规范性主要表现在两个方面：一是文种的规范，即办什么事用什么文种，有大体的规定，不能乱用；二是格式的规范，即每一种文种在写法上有大体的格式规范，不能随意变更。

4. 内容的真实性

真实性是指内容的真实确凿，实事求是。凡文章都有真实性的要求，但文学作品要求是艺术真实，即所写的内容不必是现实生活中确实存在或发生过的真人真事，它可以发挥想象力，大胆进行艺术虚构，所写的内容只要是生活中可能发生的，符合生活和人物发展的逻辑，读者感到是真实的就可以。应用文则不同，应用文是管理工作的工具，要为解决现实问题、指导实际工作服务，应用文的内容真实要求的是生活真实，即它必须反映生活的本来面目，因而它完全排斥虚构和杜撰，它是用逻辑思维的方式，质朴的语言，表达作者的意图和主张，告诉人们做什么、怎么做，有一说一，有二说二，不允许虚构，以便取得直接的行动效果。不允许夸大、缩小、歪曲事实。虚假的应用文内容会传递假信息，人们利用假信息处理公私事务必然会出现错误，造成工作损失。文中所写的数据、材料等，要真实、准确；所发布、传达的上级指示精神是确切、没有经过任何艺术加工的，否则作者将承担一定的行政和法律责任。

5. 对象的明确性

文学作品的对象模糊不清，作家在写作时确立的读者对象是泛泛的，并没特定的读者。而应用文则不同，它的对象是十分明确的，写给谁看的，行文者一清二楚。一般的书信类自不必说，就是海报启事也是以其特定的读者为写作对象的。就写作目的而言，应用文也是明确的，它就某一个事件为其主要内容，发文所希望达到什么样的结果也是明确的。因此应用文写给谁、写些什么、达到怎样的效果，事先是已知道的。

6. 写作的时效性

应用文总是针对工作、学习或生活中所出现的具体事情而写。往往是问题已摆在眼前或即将发生，必须想办法处理或解决时才使用的。因此在写作上有明确的时间要求，必须在一定的时间内完成。一旦时间过去，写作就会失去意义，过时的文书也就起不到什么作用了。同时，这种写作的时限性，同样决定于应用文的实用性。如开会要先写通知，请假要先写请假条，入党入团要先写申请书。诉状、合同、制度和公文，一般都要标明生效或执行的具体时间等。强调这种及时性是应用文的基本特征。所以，不论写作应用文，还是办理应用文，都要注重时效，否则，就会贻误工作，造成损失。

7. 撰写的政策性

应用文具有明显的、极其重要的政策性。不但法定公文的政策性很强，其他文体也是如此。如通用公文、专用公文也必须符合党和国家的方针、政策。在现阶段，中国正在进行现代化建设，任何公文都应当符合"一个中心，两个基本点"，即符合以经济建设为中心，符合四项基本原则，符合改革开放的总方针，任何违背党和国家方针、政策的公文都是不允许的。

8. 语言的简明性

简明性是指应用文在语言上尽量简洁、明确。应用文是办事的，简洁，才能提高办事效率；明确，才能保证工作质量。为了提高应用文的实用效能，应用文崇尚简约，力戒浮华不实，以便读者准确地把握其主旨。在篇幅上要尽可能简短，文字表述要简洁精炼，不能像写散文、小说那样尽情地抒发、生动地描写。在语言上要求准确、精当、质朴，无论是叙述、说明，还是议论，多用直笔，禁用曲笔，不允许夸张和渲染。应用文要避免使用一些不切实际的形容词和不适宜的比拟、夸张等修辞方法。只有表达得简洁明了，才能实现应用文快捷实用的功能。

五、学好应用文写作的意义

1. 应用文写作是时代的要求

人类社会发展到今天，人们活动的空间越来越宽阔，世界各地之间需要互相交流、学习、借鉴的东西也就越来越多。而传播的最好媒介和途径，就是"文章"。于是，原来就有的一些应用文体也就身价倍增，并且随着科技革命的不断深入，一些新的应用文体也在不断产生并快速发展。对此，我们早日掌握应用文的写作方法是势在必行的。

2. 应用文写作是社会的要求

就目前来说，上到管理一个国家，下到管理一个基层单位，都需要采取现代化的管理手段。那种直接管理方式越来越不适应社会发展的需要，间接管理正在越来越广泛地被采用。其中，文字管理无疑是最基本的间接管理方式。因此，具备一定的应用文写作能力无疑是社会对我们提出的合理要求。

3. 应用文写作是个人发展的要求

当今社会，人们把写作能力看成是一个从业人员必须具备的素质、修养及技能，把它同谋生、职薪、生活水准紧密联系在一起，成为一种竞争手段。能否熟练地掌握应用文写作的技巧，在一定程度上已成为影响个人成败的关键因素之一。

六、应用文写作的学习方法

应用文写作的学习方法主要有以下几点。

1. 要重视应用文的写作

应用文是人们在工作、学习、生活中经常遇到的实用文体，但由于它格式较简单、有些枯燥无味、而又种类繁多，所以有很多人对应用文写作并无多大兴趣，认为实在必要的话，临时凑合着写不会有问题，在思想上不够重视。而实际上，由于应用文写作要求简洁明了，一事一写，往往对文字的要求是极高的，要在较少的字里表达多层意思（比如电报）也绝非是轻而易举的。同时，若不重视应用文写作，在格式上闹了笑话不仅贻笑大方，而且有时会伤害他人的情感或双方已建立起的友谊。出了问题才后悔，不如提前重视。

2. 掌握、积累有关业务知识

应用文写作广泛地运用于社会各行各业各部门，同写作者的职业、工作性质密不可分。在写作时，如果缺乏专业训练，不懂业务知识，就很难深入实际，写好一篇专业应用文。如写法律应用文，应具有一定的法律知识；写经济应用文，应懂得相应的经济知识；写礼仪应用文，应熟悉有关的礼仪知识等。

3. 掌握各类应用文的格式和写作要求

各种应用文一般均有特定的体例格式，这些体例格式，有的是千百年来群众经验的积累、约定俗成的；有的是国家行政机关或有关部门明文统一规定的；有的则是出于行文礼貌，相互尊重。许多应用文在语言表达的要求上差别不大，能否写好的关键在于是不是熟悉它的格式，有些应用文的格式大体一致，但在语言表达、感情色彩上有所不同。所有这些，都要在理解内容的基础上掌握它、熟悉它，避免生搬硬套或张冠李戴。

4. 熟悉方针政策，提高理论水平

这里说的理论水平，一方面是指政治理论基础，另一方面是指应用写作理论知识。要写好应用文，必须提高自己的政策水平，了解党和政府的有关方针政策、法律法规，以此作为行文的依据和内容分析的理论根据。努力学习前人应用文写作的经验，切实掌握各类应用文写作的理论知识，用理论指导应用文写作。

5. 要不断加强自己的写作基本功

写作应用文，不只是方法问题，更重要的是其作为文章的一部分，是语文基础知识和基本技能问题。应用文写作的好坏是一个人语文水平的体现。只有一个人的写作基本功提高了，才会写出好的应用文来。如学写公文，尽管对公文格式要求背得滚瓜烂熟，但不会遣词造句，不懂得谋篇布局，篇章混乱，语言晦涩，也是不行的。因此平时要注意学习一些汉语的基本知识，如语法、修辞、逻辑知识等；要训练写作的基本功，如善于提炼和归纳、明确单一的主题；选材要典型适用，组材要详略得当、先后有序；结构安排要严谨、合理；格式要完整、规范；语言表达要准确、简明朴实；标点和数据的使用要正确；文面要整洁美观等。还要注意阅读一些文学作品，并在生活中提高自己观察分析、综合表达的能力。

第二章 日常应用文

日常应用文是指机关、团体、企事业单位和个人在日常生活、工作和学习中所使用的，具有一定规范体式，能起交流思想、沟通感情、传递信息等作用的应用文书。

本章我们学习日常应用文中的便条、单据、启事、海报、申请书、倡议书、求职信等。通过本章的学习，你将能够：

* 了解便条、单据、启事、海报、申请书、倡议书、求职信的概念、特点、类型；
* 理解便条、单据、启事、海报、申请书、倡议书、求职信格式和写作要求；
* 能撰写便条、单据、启事、海报、申请书、倡议书、求职信。

第一节 便条 单据

学习任务

掌握便条、单据的写法和要求，拟写格式规范和内容要素齐全的请假条、留言条、托事条、意见条、借条、收条、领条、欠条。

任务背景

元旦就要到了，飞翔职业学校 2014 级计算机班决定举办迎新年晚会。为了成功举办这次晚会，全班同学都行动起来了……

张建华请假去买布置会场的饰品，但他带的钱不够，老乡李斌借了 50 元给他，回校后他还李斌钱时，却发现错把10元钱看成50元了，他不好意思地对李斌说："我给你写张条子，保证明天还清。"

骆青到学校广播室借CD碟。

俞婉到学校财务科领取了活动经费280元。

韦艳收到团委托人带来的条子，说晚会需要的横幅已到，让她下午4点半来领取。于是她按时到团委领取了横幅。

覃婷去找苏丽商量晚会的事，苏丽却不在，宿舍里又没人，只好留下张字条，约好晚上再来找苏丽。

晚会举办的前一天的晚上，教学楼五楼楼梯的灯坏了，余芳生怕来参加晚会的领导和老师有个闪失，于是给后勤保障科写了张条子。

晚会在同学们的精心准备下，开得很成功。

任务分析

一、便条

（一）便条的概念

便条是一种简便的书信。用于把比较简单的事情告诉别人，用这种简便书信向别人说明事项，一般不用邮寄，不用写信封，直交、带交、留交收便条人即可。

（二）便条的类型

便条一般分请假条、留言条、托事条、意见条四种。

（三）便条结构与写法

便条主要回答：向谁写条子、说明什么事项、谁写的条子、写条子的日期等。

便条一般由标题、称呼、正文、祝颂语、落款五部分组成。

1. 标题

写明便条的种类，如《请假条》、《留言条》、《托事条》、《意见条》等。

2. 称呼

平时怎么称呼就怎么写。如"××先生"、"爸爸"、"老师"等。称呼后加上冒号。

3. 正文

用简单的几句话写明你因何事、何病请多久假；或拜访×××不遇、相约不遇，留下要说的话；或托人办什么事；或提什么意见等。

4. 祝颂语

正文后致意。一般另起一行空两格写"此致"，下一行顶格写"敬礼"。给朋友或同学相熟者的便条，也可省略该项内容。

5. 落款

将写条人的姓名写在正文后右下方。在署名人后面另起一行写时间。一般不写年，只写月、日、上午、下午几时几分。

二、单据

（一）单据的概念

单据是单位或个人之间，为了办事方便，手续清，在处理钱、物的过程中作为凭据而写的字据。它是一种非常重要、有法律效应的应用文。

（二）单据的类型

常用的单据有借条、收条、领条、欠条四种。

（三）单据的结构与写法

单据主要回答：什么时候因什么原因借（收、领、欠）什么钱（物）、数量、谁借（收、领、欠）、立据日期等。

单据一般由标题、正文、结语、落款四部分组成。

1. 标题

在单据的上方中间，一般要写上"收条"、"借条"等字样作为标题，醒目地说明是什么性质的条据。既扼要地提示了内容，又便于归类保管。

2. 正文

正文，紧靠标题的下方空两格书写正文。单据开头有较为固定的惯用语，一般为"今借到"、"今领到"、"今收到"等。如涉及钱物，要写明数量，数字一般用大写，是钱，末尾要加上个"整"字。数字如有写错的情况，改正后必须加盖章，或重写一张。

3. 结语

正文写完后，空两格另起一行，写上"此据"或"此致×××"。

4. 落款

正文的右下方写上制件人姓名，如是单位，除写明单位名称外，还应写明经办人姓名。然后再下移一行写明时间。

例文引路

例文 2-1

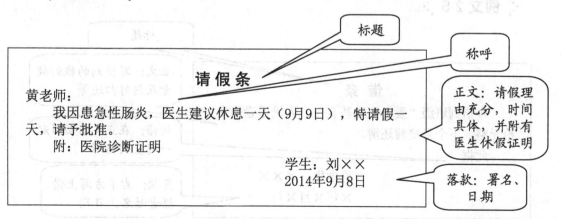

例文 2-2

> 张云：
> 　　今天下午我来找你，商量晚会筹备事情，恰巧你不在，不能久等。今晚8时再来，请等我。
> 　　　　　　　　　黄巧蕊留言
> 　　　　　　　　　×月×日×时

- 称呼：顶格写，便条留给谁就称呼谁
- 正文：简单明了的把要给对方说的事情写清楚
- 落款：署名、日期

例文 2-3

> ××学校学生科：
> 　　你们需要的法制教育材料已到，特托人带来字条告知，请在明天上午9时来我局宣传科领取。
> 　　此致
> 敬礼
> 　　　　　　　　　××市司法局
> 　　　　　　　　　×月×日

- 称呼：第一行顶格写出对方称呼
- 正文：空两格后开门见山的交代事情
- 祝颂语
- 落款：署名、日期

例文 2-4

> 行政处：
> 　　教工宿舍5幢的水管坏了两天了，影响到大家的生活用水，希望尽快请人维修。
> 　　　　　　　　　黄××
> 　　　　　　　　　×月×日

- 称呼：顶格写出对方称呼
- 正文：说明情况、要求
- 落款：署名、日期

例文 2-5

> 　　　　　　借　条
> 　　今借到班级"爱心互助基金"，人民币壹佰叁拾元整，下个月底前还清。
> 　　此据
> 　　　　　　　×班学生：×××
> 　　　　　　　　×年×月×日

- 标题
- 正文：写借到的钱的数量及何时归还等
- 结语：在正文后面另起一行空两格写
- 落款：右下方写上借据者姓名，日期

∴ 例文 2-6 ∴

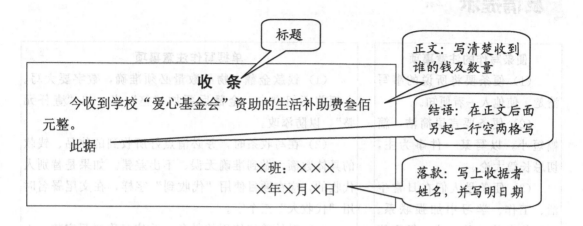

∴ 例文 2-7 ∴

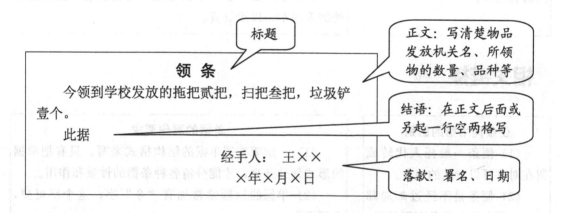

∴ 例文 2-8 ∴

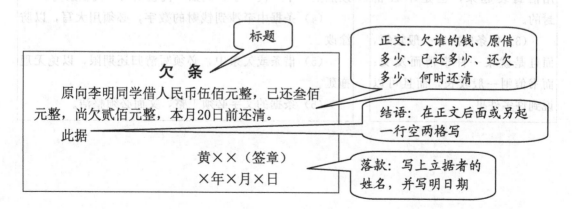

友情提示

便条写作的注意事项

（1）便条要将所说的事写清楚，使他人一看便知。

（2）便条要言语简洁，篇幅短小，以写某一件事为主，切忌长篇大论。

（3）便条是人们在日常生活、工作、学习中加强联系、交流信息的一种方式，但不能凭借权势到处写便条、出卖人民的利益等。

单据写作注意事项

（1）钱款金额、物品数量必须准确，数字要大写。金额前不留空白，金额后要加"整"字，如"壹仟元整"，以防添改。

（2）在写收条时，务必清点好所收到的物品、钱款的具体数额，做到准确无误、不出差错。如果是替别人代收的，应在题目使用"代收到"字样，在文尾署名时用"代收人"三个字。

（3）对外单位使用的借条，单位名称要写完整，不要用简称。

（4）字迹要工整，不得涂改。若要改动，需在改动处加盖印章，以示负责。

相关链接

便条同书信的区别

（1）便条一般托人代转或留在对方可以看见的地方。

（2）便条是不经过邮局邮递的一种书信。便条不用邮递，也就不用信封；有时为了方便用信封装起来，也是不必密封的。

（3）便条的内容一般较短，而且是就某一件事情而发文；而书信则一般较长，而且可以说到许多件事。

单据的写作要求

（1）一定要按照单据的结构格式来写，只有把单据的形式划分开来，才能分清各种条据的性质和作用。

（2）单据的标题常常加有"今"字，这个字可要，也可不要。

（3）受人重托代办某件事情，在单据的标题上就必须加上一个"代"字，例如"代收条"、"代领条"。

（4）条据中牵涉到钱财的数字，必须用大写，以防涂改。

（5）借条或欠条中，必须写清归还期限，以免无理拖延。

（6）条据的文字必须工整，文面必须整洁。

任务巩固

一、 请指出下面请假条中的错误之处并改正。

> 黄老师：
> 　　我有事请假一天，请批准。
> 　　　　　　　　　　高小琳

二、 请指出下面留言条的错误之处并改正。

> 张兰：
> 　　我出差到上海，因不能离开岗位，请你代我购买一张火车卧铺票。
> 　　　　　　　　　　王莉
> 　　　　　　　　　　　即日

三、 写作实训

1. 王云同学因生病住院急需用钱，向学校借人民币三千元，两个月之内还清。根据此材料，写一张借条。
2. 李小珍是班长，她到校团委领了该班的活动经费七百元。请代她写一张收条。
3. 覃胜借了本班同学焦钢的人民币八百元。说好一个月归还。一个月后，覃胜对焦钢说："我现在还你六百元，一个月后再把未还的钱还清。"焦钢对覃胜说："好的。但你要写张欠条给我，我把借条给你。"请你以此写一张欠条。
4. 生活委员谭晶晶到学校后勤部领取了该班的扫帚四把，拖把四把，水桶两个。请以此写一张领条。

第二节

启事　海报

学习任务

掌握启事、海报的写法和要求，拟写格式规范和内容要素齐全的启事和海报。

任务背景

飞翔职业学校为了给广大同学提供展现自我和锻炼自我的舞台，同时也为了学校工作的更好开展，校学生会决定招聘校学生会干部。负责招聘工作的学生会主席何勇迅速发布了招聘启事。

招聘工作顺利结束后，为了增强学生会干部的领导能力，提高学生会工作效率，特邀请学校团委书记李坚于××××年×月×日在学校大礼堂举办"领导力是怎样培养的"专题讲座。学生会宣传部长张静很快写好海报张贴在信息栏上。

任务分析

一、启事

（一）启事的概念

启事是国家机关、社会团体、企事业单位或个人，有什么事需要公开说明，或请求大家援助、支持或协助办理与参与，用简明的文字公之于众的一种应用文体。简言之，即公开地陈述事情。启事大多张贴于路边建筑等公共场所，有的刊登在报刊上，或由广播、电视播发。

（二）启事的特点

（1）内容的广泛性　机关、企事业单位、社会团体、个人都可以根据实际需要发布相应的启事，内容牵涉到方方面面。

（2）告知的回应性　启事不同于只是向社会"告知"的声明，它要求通过告知得到社会上广泛的回应，以解决自己的某件公务事宜。

（3）参与的自主性　启事对公众没有强制性，不具备约束力，公众对启事的内容和要求可关注也可不关注，可介入也可不介入，可参与也可不参与。

（4）内容的简明性　启事的内容要简明扼要，篇幅要短小。

（5）传播的新闻性　启事通过张贴、登报、广播、电视等各种新闻媒体公开传播消息，对社会公众来说，是广告性消息，具有新闻性质。

（三）启事的类型

启事的种类很多，按不同的标准可以划分为不同的类型。

（1）从公布的方式分，有张贴启事、广播启事、电视启事。

（2）从内容可分，有寻领类启事、声明类启事、征招类启事、告知类启事。

（四）启事的格式和写法

启事主要回答：为什么发布启事、公开什么事项、对公众的希望、谁发布启事、启事日期等。

启事一般由标题、正文、落款三部分组成。

1. 标题

（1）只写文种，即写"启事"。

（2）标明启事内容，如"遗失启事"、"寻人启事"等。

(3) 发出单位的名称＋具体内容，如"××学校招聘教师启事"。

2. 正文

根据不同的种类，正文有所不同。一般来说，正文主要写启事的事项，说明启事的目的、原因、要求、联系人、联系地点和联系方式等。

3. 落款

在正文右下方署上启事的单位名称或个人姓名及成文日期。

二、海报

（一）海报的概念

海报是向公众报道或介绍有关电影、戏曲、杂技、体育、学术报告会等消息时所使用的一种招贴性应用文。海报通常张贴在有关演出的场所或较为醒目的地方，告知有关活动的事项。有的海报还可以在广播电视上播出。

（二）海报的特点

（1）广告宣传性　海报希望社会各界参与，它是广告的一种。有的海报加以美术的设计，以吸引更多的人加入活动。海报可以在媒体上刊登、播放，但大部分是张贴于人们易于见到地方。其广告性色彩极其浓厚。

（2）商业性　海报是为某项活动作的前期广告和宣传，其目的是让人们参与其中，演出类海报占海报中的大部分，而演出类广告又往往着眼于商业性目的。当然，学术报告类的海报一般是不具有商业性的。

（三）海报的类型

按海报内容分有下列几类。

（1）电影海报。

（2）文艺晚会、杂技、体育比赛等海报。

（3）学术报告类。

（四）海报的格式和写法

海报主要回答：为什么发布海报、发布什么事项、对公众的希望、谁发布海报、海报日期等。

海报一般由标题、正文和落款三部分组成。

1. 标题

海报的标题写法较多，大体可以有以下一些形式。

（1）单独由文种名构成　即在第一行中间写上"海报"字样。

（2）直接由活动的内容承担题目　如"舞讯"、"影讯"、"球讯"等。

（3）可以是一些描述性的文字　如"×××再显风采"、"×××旧事重提"。

2. 正文

海报的正文要求写清楚以下一些内容。

（1）活动的目的和意义。

（2）活动的主要项目、时间、地点等。

（3）参加的具体方法及一些必要的注意事项等。

3. 落款

署上主办单位的名称及写海报的日期。

例文引路

例文 2-9

校学生会招聘启事 ——标题

　　为了进一步加强学生会干部队伍建设，充分发挥我校学生会在学生自我管理中的作用，更好地服务于广大同学，学校决定在全体新生中公开招聘新一届学生会干部，具体事宜如下。

　　一、招聘条件
　1. 具备良好的思想道德素质，学习努力、踏实。
　2. 热爱学生会工作，有奉献意识。
　3. 有较强的组织能力和表达能力。
　4. 班干部及文化基础好者优先。

　　二、招聘岗位及人数
　　学生会副主席1名。学习部副部长1名。生活部部长1名，副部长1名，成员20名。文体部副部长1名，成员15名。纪检部副部长1名，成员6名。

　　三、招聘程序：填写个人简历—资格审查—竞选演讲—统一面试—公示（考核）—试用—任命

　　四、报名时间：×月×日至×月×日

　　五、报名方式：采取班主任推荐或学生自主报名形式。各班班长负责把应聘学生名单上交到团委（张红老师处），并领取报名表。

　　六、报名地点：学校办公楼二楼团委办公室

××职业学校团委
201×年×月×日

（正文：招聘的目的、条件、岗位、人数、程序、报名时间、方式、地点）

（落款：署名、日期）

例文 2-10

海　报 ——标题

　　为深化"实现伟大中国梦、建设美丽繁荣和谐校园"主题教育活动，特邀市委党校副教授张泉到学校为全校师生作专题讲座。

　　题目：《共筑伟大中国梦　建设美丽和谐校园》
　　时间：5月4日14点
　　地点：校礼堂
　　欢迎全校师生踊跃参加！

校学生会
×年×月×日

（正文：活动的目的和意义、主要项目、时间、地点）

（落款：署名、日期）

友情提示

启事写作注意事项

（1）内容要真实。

（2）标题要能揭示事由，简短醒目，吸引公众。

（3）内容单一，一事一启，便于公众迅速理解和记忆。

（4）文字通俗、简洁、集中，态度庄重、平易，而又不失热情、文明，给公众以信任感。

海报写作注意事项

（1）内容必须真实、具体，写清楚有关活动的内容、规模、时间、地点。

（2）文字力求简明扼要，也可适当用一点带有刺激性的吸引人的词语，但注意不可夸大其实，切忌啰唆冗长。

（3）为了加强宣传效果，可用一些趣味性的构图或鲜艳的色彩来装饰海报，做到图文并茂，但构图、色彩要给人以美感，忌轻浮庸俗。

相关链接

启事写作要点

（1）寻人寻物启事　主要写明要寻找的人或物的基本特征、丢失的时间与地点、联系的地点与电话号码、对协助寻找者的酬谢等。

（2）征文征订启事　主要写明征文的目的、主要内容、具体要求、截稿时间、投寄方式、出版形式、如何奖励等；征订启事要写明报刊书籍的性质、内容、特点、价目、征订单位及截止时间等。

（3）招工招生启事　这类启事应重点写招收的原因、地点，应带上相关的证件以及招收的方式（面试、笔试）等。

（4）更名启事　主要写明更改名称的原因、更改名的全称、更改名称后的服务宗旨及业务范围等。

启事与海报的区别

启事与海报都具有告启性，都可在公共场所张贴。但两者是有明显区别的。

（1）使用的范围、场合不同　启事使用的范围较广，而海报通常只用于报道文化、娱乐、体育等消息。启事用于庄重场合，海报用于热烈场合。

（2）公布方式不同　启事可张贴、可刊发，还可用广播电视播放，而海报一般只用来悬挂和张贴。

（3）制作形式不同　启事一般只用文字说明，而海报除文字外，还可以作美术加工。

（4）使用对象不同　启事是单位或个人均可使用，而海报多是单位使用，个人一般不用。

任务巩固

一、根据给出的启事内容，拟写标题

1. 李××不慎于9月20日在运动场遗失一个红色钱包，内有100元现金及饭卡，有拾

到者请与××联系。联系电话：138××××××××。

标题1_____ 或标题2_____

2. 张××于10月9日在教学楼拾到钱包一个，内有现金若干。请失主到学生宿舍3幢108号房向××认领。

标题1_____ 或标题2_____

3. 为使公司的商号和商标统一，进一步提高公司和产品的知名度，即日起"兴发际联信息科技有限公司"更名为"兴发兰贝信息科技有限公司"。

标题1_____ 或标题2_____

二、根据给出的海报内容，拟写标题

1. 为提升我校人文品位，丰富校园文化生活，我校倾力邀请××师范大学教授王凯博士来我校开设讲座《中国梦，民族复兴的梦》。欢迎同学们前来感受学者风采。

时间：2014年10月10日下午3:00

地点：图书馆三楼学术报告厅

标题1_____ 或标题2_____

2. 今日下午4:20，在学校篮球场举行"机械梦之队"与"化工梦之队"篮球对抗赛，欢迎全校师生员工观赛、助威。

标题1_____ 或标题2_____

三、写作实训

根据所给材料，拟写格式规范和内容要素齐全的启事和海报。

1. 李静于10月18日22点左右从教学楼至学生宿舍一号楼途中不慎丢失红色钱包一个，内有银行卡、学校通用卡、人民币若干，她希望拾到者能与本人联系。她的联系地址是学生宿舍一号楼505号房。手机号码是18911033556。

2. 假设你是学生会的一名负责人，请根据下列信息写一则海报。（出海报的日期为2014年9月15日）

电影：神笔马良

配音：邵亦琛、孟祥龙等

导演：钟智行

故事梗概：讲述了小马良用出神入化的神笔"梦想成真"的神奇经历

放映地点：学校礼堂

放映时间：周一晚七点至八点半

第三节

申请书

学习任务

掌握申请书的写法和要求，拟写格式规范和内容要素齐全的申请书。

任务背景

新生张海入学后看见学生记者团那里有丰富多彩的活动，觉得自己能在其中发挥一技之长，就想加入该记者团。记者团的团长让他先写申请。他犯愁了，这申请书该怎么写啊？

任务分析

一、申请书的概念

申请书是个人或集体向上级组织或有关部门提出某项请求的信件。是沟通个人与组织、个人与领导、下级与上级的一种文书。

二、申请书的特点

一般是一事一书，内容比较单纯，格式比较固定。

三、申请书的作用

申请书具有表达愿望、反映情况、促进物质文明和精神文明建设等作用。

四、申请书的格式和写法

申请书主要回答：向谁申请、为什么申请、申请什么事项、对申请单位（人）的请求、谁申请、申请日期等。

申请书由标题、称呼、正文、结尾和落款五部分组成，其写法与一般书信大致相同。

1. 标题

（1）只写文种　即在第一行居中写上"申请书"三字。

（2）在文种前标明具体名称　如"入团申请书"、"入党申请书"等。

2. 称呼

申请者对接受申请者的称呼，向左顶格写。称谓后加上冒号。

3. **正文**
申请书主体部分，写申请的事情和理由，一般分段或分条列项写。
4. **结尾**
写"此致敬礼"之类的话，也可以不写。
5. **落款**
正文右下方写上申请者的姓名或单位名称并注明成文时间。

例文引路

例文 2-11

申请书

共青团×××委员会：————————————————— 称呼

　　在五·四青年节来临之际，我郑重地向团组织提出申请，要求加入中国共产主义青年团。　　　　　　　　　　　　正文：申请内容

　　共青团是党的忠实助手，是一所马克思主义的大学校。在这座共产主义的大熔炉里，培养了一批又一批先进青年、伟大祖国的建设者、捍卫者，铸造了一代又一代共产主义战士——黄继光、雷锋、张海迪式的人物。　　　　　　　　正文：谈对团组织性质的认识

　　加入共青团是我多年的愿望。以前，我一直想加入共青团，但我将自己同那些优秀共青团员比较时，就感到自己缺点很多，相差甚远，因而没有勇气提出请求。近年来由于团支部的热情帮助，我逐渐认识到自己身上存在着缺乏坚韧不拔的毅力、经不起批评、受不得委屈等缺点，并开始有所改正。我衷心感谢团组织对我的关怀和帮助。　　　　　　　　　　　　正文：申请原因

　　我决心在加入团组织以前，以共青团员的标准严格要求自己，以优秀共青团员为榜样，刻苦学习，不断提高自己的思想水平与认识水平，争取做一个完全合格的共青团员。　　正文：决心和要求

　　最后，我再一次请求团组织接受我的入团申请，我决不辜负团组织的期望。　　　　　　　　　　　　　　　　　　　结语
　　致
崇高的敬礼

　　　　　　　　　　　　　　申请人：伍晓莉
　　　　　　　　　　　　　　2014 年 5 月 1 日　　　落款：申请人姓名和成文时间

标题：文种

友情提示

申请书写作注意事项

（1）申请的事项要写清楚、具体，涉及的数据要准确无误。
（2）理由要充分、合理，实事求是，不能虚夸和杜撰，否则难以得到上级领导的批准。
（3）语言要准确、简洁，态度要诚恳、朴实。

相关链接

申请书的范围

一般在要求加入共产党、共青团、少先队、工会、参军、参加某项活动、请求承担某项任务或涉及私人事物等情况下，都可使用这一文体，递交有关领导、组织及部门，以示态度。

任务巩固

一、根据以下内容拟写申请书的标题

1. 张婷要求加入共青团，向团支部递交申请书。
   标题1_____ 或标题2_____
2. 韦莉家庭困难，向学校"爱心基金会"申请生活费补助。
   标题1_____ 或标题2_____

二、分析下列申请书的结构

补办居民身份证申请书

新华派出所：

  我于上月中旬回家扫墓途中不慎将第二代居民身份证遗失，虽经多方查找但仍无下落。现因出差等原因，急需使用居民身份证。为此，特向贵所提出申请，补办本人的居民身份证，并望能准予先开具临时身份证应急。给你们增添麻烦了，谢谢！

  此致

敬礼

申请人：王伟
2014 年 5 月 22 日

具体分析如下：

1. 标题_____；
2. 称呼_____；

3. 正文
(1) 申请内容_____;
(2) 申请理由_____;
4. 结语_____;
5. 落款_____。

三、写作实训

1. 黄海洋上了业余党校后，想加入中国共产党。请以黄海洋名义写入党申请书。
2. 宋虹家经济比较困难，请你代她向学校"爱心基金会"写一份生活费补助申请书。

第四节 倡议书

学习任务

掌握倡议书的写法和要求，拟写格式规范和内容要素齐全的倡议书。

任务背景

××职业学校为了改善学生学习、生活条件，在学生宿舍安装光纤宽带。在方便学生利用电脑上网学习的同时，也发现并接到同学们反映：部分同学不遵守学校作息时间规定，通宵上网、玩游戏。出现了部分学生疲劳、精神不振，上课时头痛脑涨、注意力无法集中而睡觉等现象。为了保证同学们的身体健康，为广大同学营造良好的寝室生活环境，学校学生会特向全体同学发出遵守校纪校规、按时作息的倡议。

任务分析

一、倡议书的概念

倡议书是为倡议、发起某项活动而写的号召性的公开提议性的专用书信。

二、倡议书的特点

(1) 倡议书的群众性　倡议书不是对某个人、某一集体或某一单位而言的，它往往面向广大群众，或对一个部门的所有人发出，或对一个地区的所有人发出，甚至向全国发出。所以其对象广泛的群众性是倡议书的根本特征。

（2）倡议书对象的不确定性　倡议书要求广大群众响应，然而其对象范围往往是不定的。它即便是在文中明确了自己的具体对象，但实际上有关人员可以表示响应，也可以不表示响应，它本身不具有很强的约束力。而与此无关的别的群众团体却可以有所响应。

（3）倡议书的公开性　倡议书就是一种广而告之的书信，它就是要让广大的人民群众知道了解，从而激起更多的人响应，以期在最大的范围内引起共鸣。

三、倡议书类型

（1）按性质分，有工作倡议书、公益活动倡议书。

（2）按内容分，有开展活动倡议书、举办事业倡议书、改进工作倡议书。

（3）按用途分，有学习榜样倡议书、呼唤道德倡议书、募捐善款倡议书、发起竞赛倡议书、组织活动倡议书。

四、倡议书作用

（1）倡议书具有广泛的群众性　它可以在较大范围内调动群众的积极性，使大家心往一处想，劲往一处使，齐心协力共同做好一些有益于社会的事务和开展某些公益活动。

（2）倡议书是开展精神文明建设的一个有效的方法　倡议书的内容一般是同人们的日常生活相关的一些事项。如倡议爱护花草树木，保护生态环境；倡议众志成城，同心协力，实现祖国的尽快复兴等。所有这些都有利于人们的身心健康，属于社会主义精神文明的重要内容。

五、倡议书的格式和写法

倡议书主要回答的问题有：向谁倡议、为什么发出倡议、倡议什么事项、希望哪些人附议、谁倡议、倡议日期等。

倡议书一般由标题、称呼、正文、结尾、落款五部分组成。

1. 标题

（1）文种名单独组成　即在第一行正中用较大的字体写"倡议书"三个字。

（2）倡议内容＋文种名共同组成　如"关于××××的倡议书"。

2. 称呼

可根据倡议的对象选用适当的称呼。有的倡议书不用称呼，而在正文中指明。

3. 正文

正文是倡议书的主体部分，主要写倡议的背景、对象、原因、目的、内容、意义、要求和事项。也就是"向谁倡议"、"倡议什么"、"谁倡议的"。

倡议的具体内容一般是分条开列的，这样写往往清晰明确，一目了然。

4. 结尾

结尾要表示倡议者的决心和希望或者写出某种建议。倡议书一般不在结尾写表示敬意或祝愿的话。

5. 落款

在正文右下方写明倡议者单位、集体或个人的名称或姓名，署上发倡议的日期。

例文引路

例文 2-12

倡 议 书 ——标题：文种

亲爱的同学们： ——称呼：倡议对象

　　为了避免网络给我们带来的负面影响，使我们广大中职学生养成良好上网习惯，自觉遵守网络道德规范。根据团中央、教育部发布的《全国青少年网络文明公约》的要求，特提出如下倡议。 ——正文：倡议书的原因、目的、根据

　　1. 要充分利用网络优势，帮助学习，提高自身素质。
　　2. 做到文明上网，不浏览不良信息，不光顾不健康的网站、网页。
　　3. 要节制上网，科学安排作息时间，不沉溺电脑游戏、网上聊天之中。
　　4. 要增强自我保护意识，自觉接受学校、老师监督，不随意约会网友。 ——正文：分条写倡议的具体内容和要求

　　希望同学们能以健康的心态上网，做一个自觉遵守"网德"的好学生。 ——结尾：表示倡议者的决心和希望

　　　　　　　　　　××职业学校××班
　　　　　　　　　　　2014年9月1日 ——落款：倡议单位名称，成文日期

友情提示

倡议书写作注意事项

（1）倡议书的内容要有新的时尚和精神，要切实可行，要不违背国家的方针政策。
（2）倡议书的背景目的要写清楚，理由要充分。
（3）倡议书的措辞要恰切，情感要真挚，同时要富于鼓动性。
（4）倡议书篇幅不宜太长。

相关链接

倡议书的内容

　　写倡议书，所提的倡议内容必须是对国家、对人民有利的好事，这样才会有广泛的群众基础。所提的倡议事项又必须是简便易行的，这样才能吸引更多的人响应。

任务巩固

一、根据下面提供的内容，拟写标题

1. 针对学校的学生不爱护环境的问题，学生会向全体学生倡议"从我做起，保护环境"。

2. 2014年8月3日在云南昭通鲁甸县发生6.5级地震，飞翔职业学校特发起"让爱温暖灾区人们的心"活动。倡议老师和同学们为灾区人民捐款。

二、写作实训

根据下面的材料写倡议书：

校园里同学们乱扔食物包装袋、说脏话、损坏花草树木、着装怪异、染发等不文明现象时有发生，请以飞翔职业学校学生会名义向全校同学发出倡议，共建文明校园。

第五节 求职信

学习任务

掌握求职信的写法和要求，拟写一封格式规范和内容要素齐全，能展示自己才能和优势的求职信。

任务背景

周萍萍经过近三年的技校学习，即将毕业，她通过QQ让已工作一年的师姐介绍就业经验。师姐说："在竞争激烈的社会，机会总是青睐那些善于识别并且能够抓住它的人。酒香也怕巷子深，再优秀的人才也要学会自我推销，而推销自我的第一步就是给用人单位递上求职信。求职信以特有的方式发挥着画龙点睛的作用。求职应聘时，在应聘资料中增加一封漂亮的求职信，会使招聘单位初步感受到求职者'鲜活'的形象，使招聘单位感受到求职者的诚意，增加获得面试的机会。一封漂亮的求职信就像一位出色的'使者'，可以在求职者和用人单位见面之前，给人留下深刻的印象。因此，你需要学会精心设计求职信。"周萍萍下定决心学习求职信的写法，写一份"动人"的求职信。

任务分析

一、求职信的概念

求职信是求职者为达到求职的目的而撰写的自我介绍和自我推荐的信函。

二、求职信的特点

（1）自我推荐的特性　求职信是写给可能招收自己成为其中一员的单位的。其目的就是推荐自己，以期成功地得到自己想要的工作岗位，所以从这一角度讲，求职信同推荐信是相同的，那就是要阐明自己的专长和技能，向用人单位推荐自我。

（2）个人与单位、组织的行文关系　求职是面对集体、单位的，它不是个人与个人的书信交往，所以求职信是个人向单位、向组织"发文"的一种专用书信。这也是求职信的一个显著特点。

三、求职信的作用

求职信的作用主要是使用人单位对求职者有一个初步的了解并对其感兴趣，以求一帆风顺地达到求职目的。

四、求职信的格式和写法

求职信主要回答的问题有：向谁求职、为什么求职、求什么职位、希望用人单位接受请求、谁求职、请求日期等。

求职信一般由标题、称呼、正文、落款、附件五部分组成。

1. 标题

一般写《求职信》或《自荐信》、《应聘信》等。

2. 称呼

称呼顶格书写，一般为"尊敬的×××领导"或"×××公司领导"、"×××公司"。

3. 正文

正文一般由开头、主体、结尾三部分组成。

（1）开头　要交代清楚自己的基本情况，如身份、年龄、学历等。

（2）主体　重点介绍自己求职的各种有利条件，如自己的专长、业务技能、外语水平、潜在资质等优点。

（3）结尾　再次强调自己的求职愿望，请求用人单位给予答复。

4. 落款

在正文的右下方署上求职者的姓名和成文日期。

5. 附件

在信后附上推荐人的姓名与地址，本人其他有关资料文件，如毕业证、学位证书、获奖证书、履历表、有关证明等。还要写上自己的联系方式。

例文引路

例文 2-13

应聘信

百佳汇商场人事部部长：

　　从《都市晚报》招聘广告中得悉贵商场正招聘女性营业员10名，十分欣喜。

　　我是飞翔职业学校应届毕业生，掌握着较系统的营销理论知识，又在学校实习商场内进行过为期一年的实习训练，因此也具有一定的营销实践经验。本人今年19岁，身高1.65米，五官端正，性格外向，善于表达，符合贵商场招聘要求的条件，故来信应聘。随信寄相关资料，恳请贵商场对我进行考察。如果给我一个试工的机会，我将用实际行动来证实自己的能力，报答贵商场对我的信任。

　　此致

敬礼！

应聘者　余楠
2014年7月8日

附：个人简历复印件1份及经历证明相关材料2份。
联系地址：飞翔职业学校酒店物业管理系
邮　　编：510507
联系电话：13911111234

- 标题：文种
- 称呼：读信人的职务
- 获取信息的来源
- 正文：交代自己的基本情况，重点介绍自己的专长、优点
- 落款：求职者姓名、日期
- 附件：个人材料、联系地址、联系方式

例文 2-14

求 职 信

尊敬的人事部部长：

　　你好！我叫刘刚，今年22岁，是飞翔职业学校办公自动化专业应届毕业生。贵公司良好的声誉和工作环境深深地吸引了我，我衷心地希望能够成为你们的一员，共创辉煌。

　　在校期间，我始终把自身素质的培养放在第一位，努力学习掌握科学文化知识和专业技能，学习成绩和综合积分在班中名列前茅。以优秀的成绩达到了毕业水平。现已获得计算机操作高级工等级证书、国家计算机初级程序员证书，对复印机、传真机等办公设备的使用、维护也有

- 标题：文种
- 称呼：读信人的职务
- 正文开头：交代自己的基本情况

较多的实践经验。此外，我有着较强的写作能力和组织协调能力。近两年来，我已在市报发表通讯报道、竞赛作文 11 篇；独立组织校际学生文学社团联谊活动 5 次；现还在任学校特约通讯员、校学生会通联部部长和学校晨光文学社社长等职。3 年中，我被评为校三好学生 6 次，校级学生干部 3 次，市级学生干部 1 次和市级三好学生标兵 1 次；在校、市两级专业理论、专业技能竞赛中获奖 4 次。但这一切均已成为过去，在即将踏入社会之际，我更憧憬未来，希望自己在工作岗位上做出成绩。恳请贵公司给我一次机会，让我将理想的种子散播在贵公司肥沃的土地上，生根、开花、结果。

> 正文主体：重点介绍自己的专长、优点

尊敬的领导，如果我有幸成为贵公司的一员，我的第一目标就是争做一名优秀员工。不管什么岗位，爱岗敬业都是我追求的目标。如果我暂时还不能进入贵公司，贵公司的素质要求也是我今后不断加强职业修养的基本标准。随信附上本人的相关资料并时刻期盼着贵公司的回复。

衷心希望贵公司给我一个发展的机会！

祝愿贵公司事业蒸蒸日上！

> 正文结尾：希望对方给予答复

求职者　刘刚
2014 年 7 月 1 日

> 落款：求职者姓名、成文日期

附：个人简历复印件一份及荣誉证书 16 份。
联系地址：××市××路××号
邮编：×××××
电话：×××××××××

> 附件：联系地址和方式

友情提示

求职信写作注意事项

（1）目的要明确　求职人要根据用人单位的需求选择陈述内容，不要没有重点地泛泛而谈，缺乏针对性的材料，如"本人爱好广泛，能胜任各种工作"之类。要注意突出技术专长，根据用人单位的选拔条件，抓住重点，有的放矢，否则只会弄巧成拙。

（2）内容要真实　写求职信必须实事求是，不能夸大其词，更不可虚构材料，编造历史。

（3）语言表述要谦和、诚恳　求职者充满自信地推销自己是必要的，但要注意态度谦和、言词恳切、不卑不亢、情真意切。实践证明，只有那些既有真才实学，又言词得体的求职者才受人欢迎，易被录用。

（4）留联系方式　求职信一定要写清联系方式，包括邮编、通讯地址、电话等。

相关链接

写求职信要考虑的问题

1. 动笔之前须考虑的 5 个问题。
(1) 我的目的是什么？
(2) 招聘单位需要的是什么？
(3) 我的优势可以起到什么作用？
(4) 怎样证明我的经历与应聘的职位有关？
(5) 我对招聘单位的了解有多少？这个职位是我需要的吗？
2. 你为什么想到这里来工作？
3. 你能否介绍一下你的基本情况？
4. 你有什么弱点？
5. 你曾经取得的最大成就是什么？
6. 你能为我们做些什么？
7. 你如何处理上下级关系？
8. 你如何处理家庭和事业的关系？
9. 你理想的工资是多少？

任务巩固

一、指出下面的求职信称谓的不当之处，并加以改正

1. 人力资源科长叔叔：你好！
不当之处：_____
修改：_____
2. 亲爱的李总经理：你好！
不当之处：_____
修改：_____

二、写作实训

根据自己的品学、专业、技能等情况，写一封求职信。

第三章 事务应用文

事务应用文是党政机关、社会团体、企事业单位为反映事实情况、解决问题、处理日常事务而普遍使用的文书,它具有很强的实用性、事务性和某种惯用格式。包括计划、总结、会议记录、规章制度、调查报告等。

本章学习事务应用文中的计划、总结、会议记录、规章制度和调查报告。

通过本章的学习,你将能够:

* 了解计划、总结、会议记录、规章制度和调查报告的概念、特点、类型;
* 理解计划、总结、会议记录、规章制度和调查报告的格式和写作要求;
* 能撰写计划、总结、会议记录、规章制度和调查报告。

第一节 计划

学习任务

掌握计划的写法和要求,拟写格式规范和内容要素齐全的班级工作计划。

任务背景

飞翔职业学校新生军训结束后,2014级汽车维修班召开了班团干部会议。班主任张老师说:"凡事'预则立,不预则废',无论做什么事情,都一定要有计划,如果'脚踩西瓜皮,滑到哪里算哪里',后果会不堪设想。古人云'深计远虑,所以无穷'。有了计划,工作就有了明确的目标,就能统一思想,协调行动,掌握进程,便于督促检查、评定优劣和总结经验教训。明天你们就要开始正式的中职学校学习生活,所以在本周内写出班级本学期的工作学习计划。"

于是,班团干部讨论后,制订了一份切合实际的班级工作计划。

任务分析

一、计划的概念

计划是党政机关、社会团体和个人,为了实现某项目标或完成某项任务而事先做的安排和打算。计划是计划类文书的统称。因为计划涉及内容和期限的不同,计划还有不同叫法。如具有全局性的、较长时期的长远设想叫规划。如从目的、要求、工作方式、方法到工作步骤等方面对专项工作作出全面部署与安排的计划叫方案。如对短期内工作进行具体布置的计划叫安排。如初步的草案性的计划叫设想。如短期内工作的要点式计划叫打算。如列出工作主要目标的计划叫要点。

二、计划的特点

计划具有以下几个特点。

(1) 具有预见性　计划是先于要进行的实践活动制订的,必须对未来工作中可能发生的问题有充分的估计,提出科学的、切实可行的方案。正因为计划具有预见性、设想性,所以,在执行计划时,也必须视实际情况,相应对计划进行调整。

(2) 具有可行性　为了实现预期的目标,必须有切实可行的措施和方法,计划必须切合实际情况,保证目标的实现。

(3) 具有指导性　计划一经制订,就要对完成任务的实际活动起到指导作用和约束作用。工作的开展、时间的安排等,都必须按计划严格执行。

三、计划的类型

计划的种类很多,按不同的标准可以划分为不同的类型。

(1) 按内容分,有综合性计划、专题性计划等。
(2) 按性质分,有工作计划、生产计划、学习计划、活动计划等。
(3) 按时间分,有长期计划、中期计划、短期计划、年度计划、季度计划、月计划等。
(4) 按范围分,有国家计划、部门计划、单位计划、个人计划等。
(5) 按表达形式分,有条文式计划、表格式计划、文件式计划等。

四、计划的作用

(1) 有了计划,工作就有了明确的目标,就能统一思想,协调行动,掌握进程,便于督促检查、评定优劣和总结经验教训。

(2) 计划的制订,对完成任务的实际活动起到指导作用和约束作用。

（3）科学的、切实可行的计划，对我们的工作、学习、生产、科研等都有着重要的指导、推动与保障作用。

五、计划的结构与写法

计划主要回答问题有：为什么制订计划、计划什么事项、谁计划、计划日期等。

计划一般由标题、正文、落款三部分组成。

1. 标题

标题一般由四个要素组成：单位名称、适用时限、计划内容和计划种类，如《××大学2014年招生工作计划》。有时候，标题也省略其中的某些要素，或省略时限，或省略单位，或省略单位和时限，如：《××公司接待方案》、《2013～2018年城市规划》、《毕业生分配工作的计划》。若计划是还不成熟或未经批准的，则在标题后加"草案"、"讨论稿"等字样，并加上圆括号。

2. 正文

正文是计划的主体部分，是具体内容，一般由前言、目标和任务、措施和步骤组成。

（1）前言简要概括基本情况，并指出制订计划的政策依据以及要努力达到的目标。如：《××商厦开展优质服务的活动方案》的前言是："为了贯彻治理整顿、深化改革的方针，结合商厦实际，开展优质服务活动，净化柜台，提高经营质量，维护消费者利益，进一步提高社会效益和商厦信誉，为争创顾客满意最佳商厦创造条件"。这一前言阐明了该方案的依据、目的和意义。

（2）目标和任务是计划的核心内容，提出工作任务以及要达到的数量和质量的指标。写法一般采用分条列项的方式，用小标题或者序号标明层次，然后逐项写出具体任务和具体目标。

（3）措施和步骤是完成任务的保证，措施要具体，分工要明确，步骤要有序，条理要清楚。时间安排应当具体到什么时间、要完成哪些任务等，都要一一说明。

3. 落款

在正文右下方署上制订计划的单位名称或个人名称，在署名的下方写上日期。

例文引路

例文 3-1

春苗文学社2014～2015学年第一学期活动计划

为了进一步营造校园文化氛围，提高学生人文素养，让文学社能为推动校园文化建设充分发挥作用，根据我校文学社的实际情况，制订本学期活动计划如下。

> 标题：制订计划单位名称、适用期限、计划内容和种类

> 正文：前言

一、指导思想

为了进一步繁荣校园文化，丰富学生课余生活，扩展学生知识视野，提高学生读写能力，我们将把春苗文学社办成学生群体中文学爱好者写作才华展示的星光大舞台。

二、任务和要求

通过开展丰富多彩的活动，进一步激发社员写作兴趣，提高写作水平。

三、措施

1. 组织好《我的中国梦》征稿及相关事宜。
2. 联合语文组共同承办中华经典诵读节，举行现场诗歌默写大赛，并借此增加学生文学功底，营造校园文化气氛。
3. 组建记者团，颁发记者证，由专业老师对记者进行培训和指导以开展活动。
4. 聘请语文教师开展文学辅导课讲座。
5. 举办"读书论坛"演讲活动。
6. 定期召开文学社例会。

四、具体实施步骤

1. 九月份，召开文学社干部工作会，布置全学期文学社工作。
2. 十月份，聘请语文教师开展文学辅导课讲座，为开展《我的中国梦》主题征文活动做准备；专业老师对记者进行培训和指导以开展活动。
3. 十一月份，举办"读书论坛"演讲活动。
4. 十二月份，举行学生朗诵比赛和诗歌默写大赛。
5. 每月召开文学社例会，全体社团干部必须参加，让社员们进一步了解和参与文学社的各种活动，加强社员之间的沟通、增进彼此的了解，带动社员的积极性，从而使文学社向更好的方向发展。
6. 学期结束，完成对社员的考核，评选优秀社员。

飞翔职业学校春苗文学社
2014 年 8 月 28 日

正文：指导思想

正文：目标和任务

正文：措施

正文：步骤

落款：制订计划单位名称、日期

友情提示

各种计划的使用范围

一般来说，安排、打算常用于时间较短、内容具体，并偏重于工作步骤和方法的计划；

规划是带有全局性的、长远性的和方向性的计划；设想是初步的，富有创新性，供参考的粗线条计划；意见是政策性和原则性较强，内容较完整的计划；方案则是对某项工作从目的、要求、方法到具体步骤都做出较为全面的部署和安排，一般要求周密，专业性强；要点是对一定时期内的全局工作或中心工作所做的简要安排；规划是各级领导机关，为实现总体目标，根据战略方针对某个地区或某项事业等做出长远战略部署的一种计划。

相关链接

综合计划和专项计划的写作要求

综合计划：这类计划是对各项任务作全面打算的安排。如某学校某学期的全面计划，就可以从政治思想工作、教学与科研工作、后勤工作等方面来制订。它要求从全局出发，对各项任务作统筹安排，使执行者心中有数，同心协力把工作做好。

专项计划：这类计划是对某项任务的打算和安排，往往只就上级交给的某一具体任务或本单位（个人）所要解决的某一问题来制订。如只就科研、生产任务或体育锻炼制订的计划。专项计划可以比全面计划（综合计划）设想得更为周密具体，因而便于操作执行，对实际工作更具有指导作用。

任务巩固

一、划分下列计划标题的结构

1. 广西飞翔职业学校 2014 年"学党史 知党情 跟党走"主题团日活动方案
2. 2014 年毕业生分配工作计划
3. "十二五"职业教育规划

二、修改以下计划的标题

1. ××市国民经济和社会发展五年计划
2. 二〇一三年至二〇一四年职业教育事业规划草案
3. 飞翔职业学校二〇一四年招生工作规划
4. ××公司关于第三季度销售计划

三、写作实训

用条文式写一篇个人的新学期学习计划。

第二节 总结

学习任务

掌握总结的写法和要求，拟写格式规范和内容要素齐全的个人总结。

任务背景

光阴似箭，一眨眼的工夫，半个学期就过去了。飞翔职业学校李老师给2014级汽车维修班的同学布置了一项任务，就是总结半个学期以来的学习等各方面的情况。李老师说："经过了半个学期的中职学校的学习生活，都应该好好回顾一下，自己都做了些什么，哪些做得好，哪些做得不好；做得好和不好的原因是什么；今后怎么发扬成绩和克服不足，并如何防止出现其他问题。事实上人们在许多时候都是在这种计划—总结—再计划—再总结的过程中逐渐积累经验，积累知识，增长才干，推动社会发展的。对个人来说，善于总结也是有所发现，有所进步的重要方法和途径。你们是祖国未来的建设人才，为了担负历史的重任和促进自己的工作和学习，应该善于总结并学会写总结。有没有信心写好总结？"

全班同学异口同声的回答："有。"

任务分析

一、总结的概念

总结是对前一段实践活动进行回顾检查、分析评价，从中找出经验教训和规律性认识的一种书面材料。

二、总结的特点

总结的目的就是要通过实践，提高认识，掌握事物的发展规律去指导今后的实践活动。其特点如下。

（1）理论性　总结的过程就是从感性认识上升为理性认识的过程，在分析事实材料的基础上，比较、归纳、提炼出正确的观点，从而提高认识、发扬成绩，吸取教训，更好地指导今后的实践活动。

（2）客观性　总结是针对本组织或个人所订计划的总结，应该以客观事实为依据，真实、客观地分析情况、解决问题、总结经验，不允许虚构和编造。

三、总结的类型

总结的种类与计划的种类是相应的。按不同的标准可以划分为不同的类型。

(1) 按内容分，有综合性总结、专题性总结。
(2) 按性质分，有工作总结、生产总结、学习总结、思想总结等。
(3) 按时间分，有年度总结、季度总结、月份总结、阶段总结等。
(4) 按范围分，有部门总结、单位总结、个人总结等。

四、总结的结构与写法

总结主要回答的问题：为什么制订总结、总结什么事项、谁总结、总结日期等。

总结一般由标题、正文、落款三部分组成。

1. 标题

(1) 单行式标题　由总结制订者＋时限＋事由＋文种构成。如《××公司 2014 年工作总结》。也可省略其中某项。由总结制订者＋事由＋文种或时限＋事由＋文种或事由＋文种或文种构成。有些标题未写明"总结"字样，但其本身就体现了总结的性质，如《加强管理监督，防范金融风险》。

(2) 双行标题　由正题＋副题构成。正题揭示文章主题，副题同于单行式标题。如《我们的风采——第十届文化艺术节总结》。

2. 正文

总结因内容各异，要求不同，正文的写作也不同。不过它一般由前言、主体、结尾组成。

(1) 前言为基本情况概述，或概述工作的背景、全貌；或说明工作的指导思想和成果；或将主要成绩、经验、问题找出来，先给读者一个总体认识。

(2) 主体是总结的中心部分，要具体、细致、生动地介绍成绩和经验。通过分析，把零星的、肤浅的、感性的认识上升为系统的、深刻的、理性的认识，从而肯定成绩和经验，找出问题与教训，从中概括出规律性的东西。

(3) 结尾部分主要是对下步工作的设想，提出新的目标。行文应简洁有力，具有鼓动性和号召力。

3. 落款

写上单位名称或个人姓名、日期。如果单位或个人的署名已经署于标题下，此处可省略。如果是用于报送上级的总结，在单位名称处应加盖公章。

例文引路

例文 3-2

语文学习总结

　　回首这一学期的语文学习，在老师的辛勤教导下，我端正学习态度，努力培养良好学习习惯，慢慢找到了一些好的学习方法，对语文的学习兴趣越来越浓，语文学习能力也迅速提升，现总结如下。

　　一、坚持不懈，养成良好习惯

　　对于中职的学生来说，良好的学习习惯的养成仍是不容忽视的。面对越来越深的知识体系，我充分利用了时间，并进行合理细致的安排。一丝不苟地加强基础知识的训练，从写好字，按时完成作业入手，踏实、认真地对待每一项学习任务。

　　二、勤学善思，掌握行之有效的学习方法

　　（1）上课认真听讲：上课时，我们的思维要与老师同步，认真做好笔记。

　　（2）温习与预习：晚自习时，把上课做的笔记拿出来多加巩固。顺便预习下将要学习的课文，把不懂的字词、句子划出来，作为上课听的重点。

　　（3）背诵：语文最重要的是记忆，要求背诵的篇目，我会在当天背会，接下来的几天，每天都要复习一下，有的时候还会默写一下，加深记忆。

　　（4）课外阅读和摘抄：多看一些优秀作文，积累好词、好句、好段，这些可以适当应用在自己的作文中，同时也注意观察生活中的一些事，因为这些都是写作的好素材，能使作文比较生动。

　　三、内外结合，提升综合语文能力

　　课外我参加了朗诵兴趣小组，周末经常和同学一起开展交流。我积极参加学校组织的朗诵会、故事表演和演讲竞赛。另外，我还和同学对学校周边环境进行调查，形成系统的调查报告，参与学校组织的给校长的一封信活动，为学校的发展献言建策，受到校长和老师的表扬，这些实践活动都锻炼了我的组织参与能力、表达能力和思维能力，让我终生受益。

　　虽然在语文学习上收获较多，但我认为自己的知识面跟班内优秀学生相比，还有一定差距。在新的学期，我要在抓好语文基础知识学习的基础上，大量进行课外阅读，开阔眼界，全面提升自己。

2014级电子商务班　　刘洋

2015年1月

标注：
- 标题：总结内容
- 正文：前言
- 正文：主体，具体、细致地介绍怎样学习语文
- 正文：结尾，对下步学习提出新的目标
- 落款：写总结人姓名和写总结时间

友情提示

总结写作应注意的问题

（1）总结前要充分占有材料　最好通过不同的形式，听取各方面的意见，了解有关情况，或者把总结的想法、意图提出来，同各方面的干部、群众商量。一定要避免领导出观点，到群众中找事实的写法。

（2）一定要实事求是　成绩不夸大，缺点不缩小，更不能弄虚作假，这是分析、得出教训的基础。

（3）条理要清楚　总结是写给人看的，条理不清，人们就看不下去，即使看了也不知其所以然，这样就达不到总结的目的。

（4）要剪裁得体，详略适宜　材料有本质的，有现象的；有重要的，有次要的，写作时要去粗存精。总结中的问题要有主次、详略之分，该详的要详，该略的要略。

相关链接

总结与计划的关系

总结与计划在内容与写作上有一定的联系。总结是计划执行的结晶，做总结既要以计划为依据，又要对计划完成情况作出判断；计划的制订也要以上一阶段的总结为依据，其目标、任务、措施都应参照上一阶段总结的情况提出来。计划回答的是"做什么"、"怎么做"、"做到什么程度"，而总结要回答的是"做了什么"、"做得怎么样"、"为什么这样做"。

任务巩固

一、划分下面总结标题的结构

1.《××职业学校关于××××年度的工作总结》
2.《感恩让我快乐——××职业学校2014年"感恩教育"活动月工作总结》

二、指出下面总结标题属于什么形式

1. ××职业学校2014年教学工作总结
2. 我们是如何进行素质教育的
3. 建设优美校园　开展文化活动——××职业学校校园文化建设工作总结

三、写作实训

就某一门课程的学习状况，写一篇学习总结。

要求：格式完整、正确，语言流畅，字数不少于600字。文中需用真名时要用×××代替。

第三节 会议记录

学习任务

掌握会议记录的写法和要求，完成格式规范和内容要素齐全的会议记录。

任务背景

飞翔职业学校2014级汽车维修班的翁丽莉当选为学校学生会秘书部的秘书长才两天，就得到了通知，让她参加学校的"文明风采"大赛筹备会议并做记录。她很着急和苦恼，怕会议内容记不住。她向前任秘书长请教："做会议记录有什么窍门吗？"前任秘书长说："你要掌握会议记录的基本格式，做到一快、二要、三省、五代。"在前任秘书长的帮助下，翁丽莉顺利把此次会议记录下来了。

任务分析

一、会议记录的概念

会议记录，是实录会议原始情况的文书。是在会议过程中，由记录人员把会议的组织情况和具体内容记录下来。

二、会议记录的特点

（1）真实性　会议记录一定要按照会议的真实情况如实地记录下来，决不能随意增减或改变。

（2）完整性　记录要求按格式填写清楚，会议内容要尽可能完整地记录下来，特别是会议内容的要点不能漏记或少记。

（3）快速性　无论是摘要记录或详细记录，都要求记得快，这样可以有效地保持会议记录的真实性和完整性。

三、会议记录的类型

按反映会议情况和内容的详细程度分，有详细会议记录、摘要式会议记录、重点式会议记录。

(1) 详细会议记录　即对会议的全过程、会上的每一个人的发言原话和与会议的有关动态，如发言中的插话、笑声、掌声、临时中断、在讨论中又有不同意见以及会场重要情况等作详细的记录。

(2) 摘要式会议记录　即只把发言人有关会议议题的讲话要点、重要数据和材料记录下来。

(3) 重点式会议记录　即不记录会议过程和个别发言，只是提纲挈领地记录会议的主要内容和会议决议等部分。

四、会议记录的作用

(1) 史料作用　会议记录是会议最原始的全面记录，反映了会议的内容和进程，是日后查找的重要依据和凭证。有些重要的会议记录，若干年后仍有参考价值。所以，重要的会议记录，一定要归入档案，以备查考。

(2) 素材作用　会议记录是形成会议纪要、会议简报的重要素材。为使会议开得生动活泼，提高会议质量，要发会议简报，有些重要会议结束后，要形成会议纪要。会议记录也是形成文件和文章的素材，可以根据记录的内容，起草、修改有关文件，上传下达会议精神，撰写会议简报和会议新闻或形成文件。

(3) 文件作用　会议记录可以作为传达、执行会议决定和贯彻会议精神的依据，也可以作为总结工作、检查决议执行情况向上级汇报的依据。

五、会议记录的格式与写法

会议记录主要回答的问题有：什么时间、在什么地方、什么人参加、是什么会议、记录什么事项、谁记录等。

会议记录由标题、会议的组织情况、会议进行情况、尾部四部分组成。

1. 标题

标题一般有三种写法。

(1) 会议名称＋记录，如《××职业技师学院第×次代表大会记录》。

(2) 会议内容＋记录，如《××技工学校关于深化教学改革研讨会记录》。

(3) 只有文种。

2. 会议的组织情况

会议组织情况由会议时间、会议地点、出席人、缺席人、列席人、主持人、记录人组成。

(1) 会议时间　指会议开始的具体时间，写清年、月、日，有时还要注明上、下午或晚上以及具体时刻。

(2) 会议地点　写清楚具体的地点。

(3) 出席人　人数不多的会议，要把出席人的姓名都写上，姓名顺序可按出席人职务、级别排列。如是工作例会，可只写缺席人姓名，如人数多的会议，不可能将全部与会人姓名写出，可只写人数。

(4) 缺席人　写上缺席人的姓名，注明缺席的原因。

(5) 列席人　写列席人的姓名、职务。

(6) 主持人　写主持人的姓名。

(7) 记录人　写记录者的姓名，有几位写几位。

上述这些内容，要在会议主持人宣布开会前写好。

3. 会议进行情况

会议进行情况由主持人开场白、议项、会议发言、议决结果组成。

（1）主持人开场白　即对召开会议的大致概述。

（2）议项　即会议的议题，应载于记录页面的中心位置，前面可以加序号，使记录层次分明、醒目，便于查找。

（3）会议发言　记录发言人姓名和发言内容。

（4）议决结果　一般由主持人加以系统归纳。归纳结果，应逐字逐句记录。与会者无异议时，应随即写上"一致同意"或"一致通过"。有持异议者，必须详细记录不同意见，有弃权者，也应如实记录上。

4. 尾部

会议结束，可另起一行，写"散会"或"休会"。最后由会议主持人和记录者在右下方签名，以示负责。

例文引路

∴ 例文 3-3 ∴

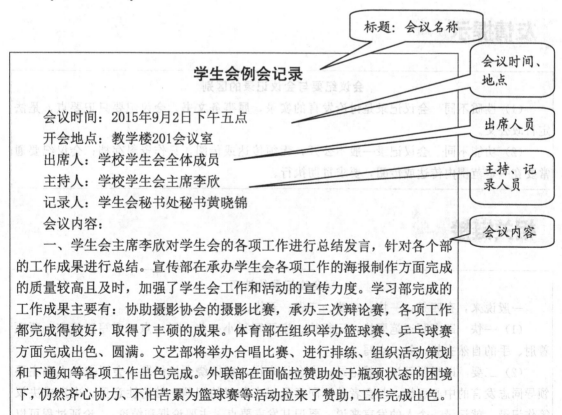

秘书处在负责学生会的各项文字工作、上传下达工作方面完成出色，并且承办了我校的"就业知识竞赛"，取得了圆满成果。

二、由此，主席对在学生会各项工作做出突出贡献的各部进行了表扬，同时也总结了学生会自成立以来工作中的不足之处。今后，各部应更加认真地对待每项工作，踏实勤干；在遇到利益冲突问题时要学会相互协调和合作，不因为个人情绪而影响工作。随后各个部的分管主席又对学生会的工作进行了总结，其中主要针对自己所领导和负责的部门提出了建议和意见，以鼓励成员们再接再厉，共创佳绩。

三、最后，主席对下学期的工作任务进行了大体介绍，其中主要包括：秘书处承办的"学校十大励志人物评选"、文艺部承办的"校园十佳歌手"比赛和欢送毕业生晚会、体育部组织的校运动会。在会议的最后，学生会全体成员通过投票评选了"优秀干事"、"优秀部长"，选票汇总于秘书处，在统计之后将上报名单。

散会

主持人：李欣（签名）
记录人：黄晓锦（签名）

> 会议主持人、记录人签名

友情提示

会议纪要与会议记录的区别

（1）性质不同　会议记录是讨论发言的实录，属事务文书。会议纪要只记要点，是法定行政公文。

（2）功能不同　会议记录一般不公开，无须传达或传阅，只作资料存档；会议纪要通常要在一定范围内传达或传阅，要求贯彻执行。

相关链接

写会议记录的技巧

一般说来，有四条：一快、二要、三省、五代。

（1）一快　即书写运笔要快，记得快。字要写得小一些、轻一点，多写连笔字。要顺着肘、手的自然去势，斜一点写。

（2）二要　即择要而记。就记录一次会议来说，要围绕会议议题、会议主持人和主要领导同志发言的中心思想，与会者的不同意见或有争议的问题、结论性意见、决定或决议等作记录，就记录一个人的发言来说，要记其发言要点、主要论据和结论，论证过程可以不记。就记一句话来说，要记这句话的中心词，修饰语一般可以不记。要注意上下句子的连贯性、可讯性，一篇好的记录应当独立成篇。

（3）三省　即在记录中正确使用省略法。如使用简称、简化词语和统称。省略词语和句子中的附加成分，比如"但是"只记"但"，省略较长的成语、俗语、熟悉的词组，句子的后半部分，画曲线代替，省略引文，记下起止句或起止词即可，会后查补。

（4）五代　即用较为简便的写法代替复杂的写法。一可用姓代替全名；二可用笔画少易写的同音字代替笔画多难写的字；三可用一些数字和国际上通用的符号代替文字；四可用汉语拼音代替生词难字；五可用外语符号代替某些词汇等。但在整理和印发会议记录时，均应按规范要求办理。

任务巩固

一、划分下列标题的结构

1．××市计算机科技有限公司销售部2013年度总结会议记录
2．××市职业学校2014级营销2班荣辱观教育主题班会记录

二、根据下列内容，拟写完整标题。

1．××职业学校2014级计算机班召开新学期班委会的记录。
标题：
2．××职业学校2014级商贸班召开新学期团支部会议记录
标题：

三、根据以下内容，填写表格。

××职业学校于2014年5月10日下午2点30分召开2014年招生工作会议，地点在学校办公楼会议室，请全体招生人员参加。会议由刘副校长主持，学校办公室秘书张虹负责记录，各系教学秘书列席会议。

会议时间	
会议地点	
会议主持人	
会议记录人	
会议出席人	
会议列席人	
会议缺席人	

四、写作实训

以本班一次主题班会或者班干会议为内容，按照会议记录的规范格式做一次会议记录。

第四节

规章制度

学习任务

掌握规章制度的写法和要求，拟写格式规范和内容要素齐全的班级规则。

任务背景

飞翔职业学校 2014 级电子商务班在结束军训后，召开了第一次班会，班主任对全班同学说："俗话说：国有国法，家有家规，没有规矩，不成方圆。规章制度就是起到'规矩'的作用，对于维护社会公共秩序有着重要作用。请同学们举例说说见过哪些规章制度。"同学们纷纷列举了他们见过的规章制度。班主任接着说："为了让我们班成为一个团结合作、积极向上、班风学风一流的集体，请同学们群策群力，畅所欲言，来制订一个具有我们班特色的班规吧！"

任务分析

一、规章制度的概念

规章制度是国家机关、社会团体、企事业单位为了建立正常的工作、学习、生产、生活秩序，依据政策法令制订的一种具有法规约束力的事务性文书。它是各种制度、规定、守则、章程、条例、办法、公约、标准、须知等的总称。

二、规章制度的类型

规章制度的种类繁多，几乎每一种称谓都可以作为一个种类。如果按它们的对象作用以及约束力来分，大体可分为三种。

（1）由国家机关、社会团体、企事业单位根据实际需要，以单位名义制订的规章制度，它具有较强的约束力。如：条例、制度、规则、规定、办法等。

（2）单位或社会团体为明确组织的性质、宗旨、任务、组织机构、成员条件、权利、义务及活动方式等，使其成员遵循和执行而制订的条文。如：章程等。这类条文有一定的约束力，但不具有行政上的强制性。

（3）群众在自觉自愿的基础上，经过充分讨论而订立的共同遵守的条文，如：公约、规定等，这类条文具有自我约束和相互监督的作用。

三、规章制度的作用

（1）规章制度是依据法律法规制订的，要求人们共同遵守，是人们工作、学习、生产、生活的准则和依据，它是对国家法律、法规的充实和补充，因而具有较强的制约和规范作用。

（2）由于规章制度的约束规范力，使人们在工作、学习、生活、生产中建立起良好的秩序，从而对工作、学习、生产、生活的正常进行起到了保证和促进作用。

四、规章制度的格式与写法

规章制度主要回答问题有：为什么制订规章制度、规章制度规定的事项、规章制度适用什么人、什么时间实施、谁制订、制订的时间等。

规章制度一般由标题、正文、落款三部分组成。

1. 标题

标题一般由制订者＋事由（或内容）＋文种组成。如《飞翔职业学校考试规定》；有的可省略制订者，如《考试规定》；有的可省略事由，如《学生会章程》。如果规章制度是草案或暂行、试行的，可在标题内写明"暂行"、"试行"等，也可在标题下加括号，注明"试行"、"草案"等。

2. 正文

正文是规章制度的主要组成部分，写作时本着先总后分，先原则后具体的方法，其内容可大致分成以下三部分。

（1）开头　规章制度的开头因种类不同而稍有差异，一般是简明概括地说明制订的依据、目的以及基本原则。有的条文不多的文种则不需开头，直接罗列规章条款。

（2）主体　这是规章制度的具体内容。内容较简单的，一般用条文表达，如内容比较丰富的，则先分章节，再分条款表述。

（3）结尾　一般写明规章适用范围、实施时间、解释权限等，部分文种则不需结尾。

3. 落款

在正文右下方写署名、日期。如标题中已写明单位名称，署名可省略。

例文引路

例文 3-4

安全公约 ——— 标题：内容

1. 不私自到大海、水塘等地方洗澡、玩耍。
2. 注意交通安全，过马路走人行横道。
3. 不横穿公路，不在公路上骑自行车。
4. 不与陌生人及不三不四的人打交道。

> 5. 不私自外出，外出要跟家里人打招呼。
> 6. 不攀越建筑物，不到建筑工地等危险的地方玩耍。
> 7. 不打架，不做有危险的游戏。
> 8. 不出入游戏厅、歌厅、舞厅等娱乐场所。
> 9. 不看不健康的书刊、影碟及录像。
> 10. 不赌博，不参与封建迷信活动。
> 11. 不玩火，不玩电，不玩爆炸物品。
> 12. 不暴饮暴食，不吃腐烂变质的食物。

这是公约类的规章制度，条目式的，一目了然

友情提示

规章制度的写作注意事项

(1) 要注意符合党和国家的有关方针、政策、法规，切合本单位或本部门的实际需要。
(2) 要注意结构严谨，内容简要。
(3) 要注意语言简明、规范。
(4) 要注意定期检查，进行修订或补充。

相关链接

规章制度的写作要求

(1) 必须符合国家的政策、法令　规章制度是人们工作、学习、生活的准则和依据，具有一定的行为约束力。因此，它必须符合国家政策法令所确定的基本原则，不能与之抵触和矛盾。否则，它将失去法律的依托，丧失其存在的意义。

(2) 应做到实事求是，切实可行　规章制度要想规范人们的行为，起到工作、学习、生产秩序的保证作用，就应该符合客观实际，条款要求不宜过高，否则，将流于形式，变成一纸空文，失去其教育意义和约束作用。

(3) 应不断完善，并保持相对的稳定　规章制度一旦制订，就应尽力保持相对稳定，以维护其严肃性。然而，也应考虑社会的发展和规章的滞后，及时对条款进行修订、补充和完善，以满足社会发展的需要。

任务巩固

一、 划分下列标题的结构

1. 中等专业学校学生守则

2. ××市信达股份有限公司章程

二、写作实训

1. 为了加强班级管理，建立良好的班风班貌，培养同学热爱集体、关心集体、团结互助的良好品质，努力争创五星班级，文明班级，制订一则班级公约。

2. 采用条文式拟写一份班级文明公约或为学校阅览室拟一份"读者须知"。

要求：(1) 选择恰当的文种；
(2) 安排好条文顺序，条理清楚，款项分明；
(3) 文字简练准确、明白无误。

第五节

调查报告

学习任务

掌握调查报告的写法和要求，完成格式规范和内容要素齐全的调查报告。

任务背景

班主任余老师对同学们说："作为职业学校的学生，不要只顾死读书，要花点时间去了解一下社会，为将来步入社会工作做好准备。多了解社会才能尽快融入社会工作生活当中去。暑假就要来临了，我给你们布置一项暑假作业——回到家后，了解一下家乡的变化，写一篇调查报告。"

同学们说："好的。"

任务分析

一、调查报告的概念

调查报告是对客观事物进行调查研究，根据所获得的成果写成的反映客观实际、揭示事物本质和规律的书面报告。

二、调查报告的特点

(1) 真实性 调查报告的基础是客观事实，其主旨是调查研究后揭示客观事物的本质和规律。因此，撰写调查报告，就需要深入调查，对材料的真实性要反复核实。如果了解的仅仅是事物的表象，那么得出的结论，要么是假的，要么是非本质规律的。

（2）典型性　调查对象是否典型，所运用的材料是否典型，是调查报告成败的关键。材料不典型，就不能很好地揭示事物的本质和规律，因此，必须选择具有典型意义的事实或材料撰写调查报告，这样才具有现实意义和普遍指导意义。

（3）论理性　调查报告不是对事物的具体描述，它主要通过对大量的材料进行分析和综合，达到揭示事物的本质和规律的目的。所以，撰写调查报告一般是通过对事实的概括叙述和简要说明，由事实论理，最后引出结论，在表达上多采用夹叙夹议、叙议结合的方式。

（4）时效性　调查报告要回答当前工作中迫切需要解决的问题，具有较强的实效性，这一点与新闻类似。因此，写作者要抓紧时间写作，不能让新事变旧事，失去指导意义。

三、调查报告的类型

调查报告所涉及的内容很广泛，表现的形式也是多种多样。
（1）按调查对象和反映的内容划分，有经验调查报告、情况调查报告、研究性调查报告。
（2）按调查报告涉及的范围大小划分，有专题性调查报告、综合性调查报告。

四、调查报告的格式与写法

调查报告主要回答：为什么拟制调查报告、报告什么事项、有什么建议、谁报告、报告日期等。

调查报告没有固定格式，一般由标题、正文、落款三个部分组成。

1. 标题

一般由正标题和副标题组成。正标题通常具体地点出调查的内容或者形象地揭示主题；副标题表明调查的单位、地点或所写的事情。有的调查报告只有正标题，没有副标题。

2. 正文

调查报告的正文由前言、主体、结尾三部分组成。

（1）前言　即调查报告的开头部分，简要地叙述为什么对这个问题（调查对象）进行调查；调查的时间、地点、对象、范围、经过以及采用什么方法等；调查对象的基本情况、历史背景；调查后的结论等。这些方面的侧重点由调查人根据调查目的来确定，不必面面俱到。

（2）主体　这是调查报告的重心所在。主体部分要有事实、有分析地说明事实的全过程，介绍主要的经验和做法，或者主要的问题和教训。可以采用纵式结构，按照事情发生、发展过程去组织材料，把事情的来龙去脉、因果关系揭示出来；也可采用横式结构，根据材料的性质、特点，分为若干部分，按一定的内在联系组织材料。两者也可以交错。

（3）结尾　即调查报告的结束语。有多种写法，或者总结全文，点明结论；或者指明努力方向，提出解决办法；或者提出若干建议，供有关部门参考；或者说明尚存在的问题，以有待于今后解决；或者补充交代正文中没有涉及而又值得重视的情况和问题。有时可以不用结束语。

3. 落款

调查单位的名称或调查人姓名，可以写在标题下面，也可以写在文章的后面。在署名下面写上年、月、日，也可以不写。

例文引路

例文 3-5

保护环境，从我做起
——关于学校及周边环境状况的调查

〔正标题：调查报告的内容〕
〔副标题：调查报告的单位、地点、所写的事情〕

为了使同学们认识到环境问题与我们每个人的实际行动密切相关，提高同学们环保意识，养成良好的环保习惯，我们在老师的指导下，以校园及学校周围的环境为调查对象，以存在的环境问题为调查内容，采用观察记录、取样检测、座谈访问和问卷调查等方法，对学校及周边的环境状况进行调查。

〔正文前言：为什么调查，调查的地点、对象及方法〕

1. 存在的环境问题。调查显示，学校及周边的环境状况令人担忧，主要表现有：(1)学校各教室地上碎纸、弃物较多，随地吐痰现象突出；(2)校园内的纸屑、瓜子壳等随处可见；(3)生活用水排入校内池塘，使其水质不断恶化，气味刺鼻，经检测水中含磷和有机物成分较高；(4)伙房烟囱冒出的浓浓黑烟，常常在校园上空弥漫；(5)校内的垃圾全部堆放在学校大门外河道的旁边；(6)学校旁养猪厂的污水及周围居民的生活用水直接排入河道内，造成河水污染。

2. 存在问题的原因。通过调查我们了解到，上述环境问题的产生与人们的行为习惯和环保措施不力有直接关系。如随地吐痰是许多同学的不良习惯，被调查的同学都不同程度地有过上述行为；河道旁边堆放垃圾和污水直接排入河道，主要是由于环保措施不力造成的。究其根源，主要是人们环境保护意识不强和环境保护法律法规落实不够。

〔正文主体：有事实、有分析地说明事实的过程〕

3. 认识和建议。通过调查我们认识到，环境问题在我们身边同样存在，保护环境不仅是国家和政府部门的责任，也是每个公民应尽的义务，只有每个人都自觉行动起来，才能保护好我们共有的家园。为此，特提出以下建议：

(1)学校可通过环保讲座等形式加强对同学们进行环保教育，提高全体同学的环保意识；

(2)各班召开以保护好身边环境为主题的班会，号召全体同学从我做起，从现在做起，从身边的小事做起，自觉履行保护环境的义务；

(3)主动向周围群众宣传环境保护知识和有关的法律法规，提高群众的环保意识；

〔正文结尾：意见及建议〕

(4)环保管理部门对违反环保法律法规的行为，应及时采取有效措施给予制止和制裁。

校团委　学生会
2014年5月

落款：署名、日期

友情提示

调查报告写作注意事项

　　用事实说话是写调查报告的基本要求，在语言表达上力戒说空话，要力求做到准确实在，言简意明。叙述事实要简明、扼要，议论应画龙点睛，一般不需要描述。要尽量写得短些、精粹些，竭力将可有可无的字、句、段删去，可以用简洁精练、朴素生动的群众口语来叙述事实和点明事情的意义。有时可以用数字和表格来说明问题。

相关链接

常用调查方法

　　(1) 普遍调查法　即普查，是指在一定范围内，对所有对象进行全面的调查，以获得完整、系统的资料。普查的优点是资料全面、准确、误差小。如2010年全国进行的第六次人口普查，意义重大，为今后国家有关方针、政策的制定提供了依据。

　　(2) 典型调查法　在一定的总体范围内，选择能代表总体状况的典型深入地调查。准确地选择典型是此调查法的关键。若典型不具普遍性、代表性，将特殊规律误认为是适用于全局的一般规律，用来指导全局则会造成失误。

　　(3) 抽样调查法　即在需要调查的客观事物的总体中抽取一部分进行调查，以此来推断总体情况。此法的长处是：省时，经济，排除人们的主观选择结论，较客观、可靠。

　　(4) 实地观察法　即直接亲身深入调查第一线中去，通过观察、访谈等方式，获取真实、可靠的情况。

任务巩固

一、分析题（以下是调查报告的导语部分，指出它们属于哪种形式？写了什么内容？）

　　1. 为了切实掌握全疆教师工资拖欠情况，探讨建立教师工资按时足额发放的保障机制，为政府部门制定相关政策提供依据，自治区教育工会组成了3人调查组，于3月19日至4月15日，历时28天，对7个地区42所基层学校教师工资发放情况进行了实地调查。

(《教师工资拖欠问题亟须解决——关于新疆教师工资拖欠情况的调查》)

2. 水土流失是指表层土壤及其物质在水力的作用下位移并使表层土壤逐渐变薄、质地变粗的过程，是当土壤在水的浸润和冲击作用下，其组织发生破碎和松散，随水流动而大量流失的现象……

3. 我国黄土高原由于地表植被尤其是森林严重破坏……人类赖以生存的生态环境正在发生急剧变化，水土流失造成的危害极为严重。

(《××县水土流失现状调查报告》)

二、写作实训

从下列题目中任选一题，参照提示内容，拟出调查报告提纲，选择恰当的调查方法，收集调查报告材料，写成一篇调查报告。

1. 本校（本班）同学消费情况调查（每月支出金额、项目、档次、来源等）。

2. 本校（本班）同学业余爱好情况调查（爱好的项目、已达水平、时间、资料状况等）。

3. 对在同学中反映强烈的社会问题的调查（政治类、经济类、外交类、工业类、农业类等）。

4. 对用人单位所需毕业生要求的调查（年龄、专业、层次、性别、能力等）。

提示：可采用问卷调查的方法。

从下面题目中选择一题，写出调查报告。

(1) 对本校（班）学生利用网络的情况调查。

(2) 对本校（班）同学最感兴趣的学科进行调查。

(3) 对在同学们中引起强烈反响的现实生活中的问题进行调查。

第四章
行政公文

  公文是应用文中重要且用途广泛的一种文体，是传达党和国家的方针政策、发布党规政令、指导和商洽工作、请示和答复问题、报告情况、交流经验等的一种重要文字工具。公文的格式、制发程序等均须遵循统一规定和要求。

  公文包括决议、决定、命令（令）、公报、公告、通告、意见、通知、通报、报告、请示、批复、议案、函、纪要。

  本章学习公文中的通知、请示、报告、函。

  通过本章的学习，你将能够：

* 了解通知、请示、报告、函的概念、特点、类型；

* 理解通知、请示、报告、函的格式和写作要求；

* 能撰写通知、请示、报告、函。

第一节

通知

学习任务

掌握通知的写法和要求，拟写格式规范和内容要素齐全的通知。

任务背景

为了更好地贯彻执行党和国家的教育方针，提高学生的综合素质和适应社会的能力，接轨教育部组织开展第×届全国中等职业学校"文明风采"竞赛活动的通知,飞翔职业学校将举行第×届"文明风采"竞赛。学校团委书记让李胜同学将有关事项安排写个通知下发到学校各科室、各班级。

任务分析

一、通知的概念

通知是用于批转公文,转发公文,传达事项,任免人员的下行公文。

二、通知的特点

(1) 用途的多样性　在下行文中,通知的功能是最为丰富的。上至国家大事,下至基层单位的具体工作都可用通知行文。它可以用来布置工作、传达指示、晓谕事项、发布规章、批转和转发文件、任免干部等。由于具有多方面用途,因而成为现行公文中使用频率最高的文种。

(2) 运用的广泛性　通知的发文机关,不受级别的限制。高级别组织和基层组织都可用,也不受组织类别限制,国家机关、企事业单位和社会团体,都可以发布通知。

(3) 处理的时效性　通知的事项,一般都有比较明确的时间限制,受文机关要在规定的时间内办理完成,不得拖延。

三、通知的类型

通知的种类很多,按不同的标准可以划分为不同的类型。

(1) 按通知适用范围分,有指示性通知、发布性通知、批转性通知、转发性通知、晓谕性通知、会议通知、任免通知。

(2) 按发文单位分,有单一通知、联合通知。

(3) 按紧急程度分,有普通通知、紧急通知。

四、通知的结构与写法

通知主要回答的问题为:为什么下发通知、通知什么事项、对通知对象的希望、谁通知、通知日期等。

通知由标题、主送机关、正文、落款四部分组成。

1. 标题

通知的标题一般有两种形式。

(1) 完全式公文标题,由"发文机关＋事由＋文种"组成。如《中共中央办公厅、国务院办公厅关于严禁用公费变相出国(境)旅游的通知》。

(2) 省略式标题,根据需要省去发文机关、事由、文种其中的一项或两项。省略式标题有如下三种情况。

① 省略发文单位　如果标题太长,可省略发文机关,由"事由＋文种"组成。如《关

于香港特别行政区政府曾荫权等职务任免的通知》。

② 省略发文机关和事由　如果通知发文范围很小，内容简单，甚至张贴都可以，这样的通知标题可以省略发文机关和事由，只有文种，即只有"通知"二字。

③ 省略文种　公文的标题一般是不能省略文种的。转发性通知，有时由于被批转、转发的公文标题中已有"通知"二字，或者被批转、转发的公文标题比较长，这时，通知的标题一般可省略文种，省去"通知"二字。如《××省人民政府转发国务院关于国营企业厂长（经理）实行任期制度的通知》。

2. 主送机关

通知的发送指向很明确，一般要写主送机关。主送机关即受文对象。主送机关一般用全称，也可用规范化简称。

3. 正文

通知的正文一般由通知缘由、通知事项、通知结尾组成。

（1）通知缘由　写明发通知的原因、目的、依据等，并以"现将有关事项通知如下"、"特通知如下"等过渡语引出下文。会议通知还常在此部分写出会议名称，而批转性通知多数以直接表达颁转对象为开头，无需说明缘由。

（2）通知事项　这是通知的主体部分，若内容多应采用条列式。指示性通知写对某项工作的指示意见、安排决定等。批转性通知由批转对象（名称、来源）和批转意见及执行要求两层构成。一般较简短，篇段合一。如："现将《××厂财务管理办法》印发给你们，请遵照执行。"常用的执行要求用语有"遵照执行"、"贯彻执行"、"参照执行"、"供参考"、"供参阅"等。会议通知写清会议六要素：开会时间与期限，会议地点，会议的内容或议题，与会者及条件，参会准备，其他事项（交通、食宿等安排）。宜采用分条列项的写法。

（3）通知结尾　指示性通知，可以在结尾处提出贯彻执行的有关要求。如事项部分已交代清楚，也可以不写专门的结尾。会议通知可要求受文者寄回通知回执或电话回复是否参会等，并注明联系人、电话、地址、邮编等。其他篇幅短小的通知，一般不需有专门的结尾部分。

4. 落款

在正文右下方写明发文机关名称和成文日期。如果发文机关已在标题中标明，落款时可以省略。

例文引路

∵例文 4-1 ∴

中共中央办公厅　国务院办公厅关于印发
《党政机关公文处理工作条例》的通知
中办发[2012]14号

各省、自治区、直辖市党委和人民政府，中央和国家机关各部委，解放军各总部、各大单位，各人民团体：

> 标题：发文机关+事由+文种

> 主送机关

《党政机关公文处理工作条例》已经党中央、国务院同意，现印发给你们，请遵照执行。 ◁ 正文：发文缘由和执行要求

中共中央办公厅
国务院办公厅
2012年4月16日

◁ 落款：发文机关、印章、成文日期

《党政机关公文处理工作条例》（略）

例文 4-2

关于召开全省宣传部长会议的通知

◁ 标题：事由+文种

各市委宣传部： ◁ 主送机关

省宣传部将召开宣传部长座谈会，现将有关事项通知如下。

一、会议议题

传达学习中宣部召开的部分省区市宣传部长座谈会精神；总结交流我省前八个月宣传思想工作；研究部署下一步工作。

二、参加人员

各市委宣传部长。

三、会议时间

9日9~10日（会期一天半，9日8日下午报到）。

四、会议地点

报到及住宿地点：××市七星路××宣传干部培训中心。

会场：××办公楼三楼会议室。

五、有关事项

（一）请参加会议人员准备约15分钟的发言。请将发言材料打印50份，在报到时交会务组。

（二）请各市委宣传部长安排好会议期间的各项工作，准时出席会议。

（三）请各市委宣传部于9月5日下午下班前将参加会议人员名单报到省党委宣传部办公室。需接车、接机及购买回程机票、车票的人员，务请在会议报名表中注明。

大会将为各与会人员免费提供食宿。

联系人：×××。电话：××××。传真：××××××。

附件：会议报名表 ◁ 附件说明

中共××××××委员会宣传部
2014年8月28日

◁ 正文：事项部分可分条列项写

◁ 正文：结尾要求回复并写明联系方式

◁ 落款：发文机关、印章、成文日期

友情提示

通知写作注意事项

(1) 指示类通知主要应注意把批示写具体、明确，以免含糊不清，不知所云。

(2) 批转类通知应注意标题不要层层套转，避免"通知的通知的通知"标题出现。以免结构混乱，重复见长，使人费解。

(3) 会议类通知主要应注意通知事项的周全问题，以免误人误事。

(4) 应注意不要与通告、启事这两个文种混用。

相关链接

通知的写作要求

(1) 通知是下行文，具有较强的执行性。通知事项应写得清楚明白，易于执行，使受文单位能正确理解并准确执行。

(2) 通知的语言要求准确。当通知对象为平级时，应注意缓和语气，用告知性语言。

(3) 注意转发性通知和批转性通知的区别。转发性通知一般是在转达上级机关、同级机关或不相隶属机关的公文时使用；批转性通知是批准下级机关的公文，再转发给下级机关或有关单位贯彻执行时使用的公文。未经"同意"或"批准"的公文不能批转，可用"批复"等形式处理。

(4) 会议通知应注意其时效性。根据其受文范围，可通过报纸、电台、电视等形式发布，函送时一般应注明"会议通知"、"急件"等字样。

任务巩固

一、根据下面提供的内容，拟写标题

1. 飞翔职业学校将举行"我爱我的专业"演讲比赛

标题：＿＿＿＿＿＿＿＿＿＿＿＿＿＿＿＿＿＿＿＿＿＿＿＿＿＿＿＿＿＿＿＿＿＿＿＿

2. ××物业管理公司将聘用李建明为某小区物业经理

标题：＿＿＿＿＿＿＿＿＿＿＿＿＿＿＿＿＿＿＿＿＿＿＿＿＿＿＿＿＿＿＿＿＿＿＿＿

二、请给下面提供的通知主送机关加上标点符号

1. 各省＿＿＿自治区＿＿＿＿直辖市人民政府＿＿＿＿国务院各部委＿＿＿＿各直属机构

2. 各市教育局＿＿＿＿劳动局＿＿＿＿＿绿城县教育局＿＿＿＿劳动局＿＿＿＿

三、请为下面一则通知填写上正文开头中空缺的内容

飞翔职业学校关于举办建党九十四周年演讲比赛活动的通知

各班组：

　　今年中国共产党成立94周年，为了_____。按照校党委的部署要求，在全校师生中举办_____，现将_____如下：

四、写作实训

　　根据下面的材料，拟写一份会议通知：

　　人力资源和社会保障部决定于2014年7月10日至11日在××市召开全国各省市技工院校校长会议，于6月28日发出会议通知。会议内容是总结上半年工作经验，交流下半年工作思路，部署下阶段工作。要求全国各省、自治区、直辖市的技工院校校长参加。会期为2天，7月9日报到。报到和开会的地点是：××市新兴大酒店（中山路86号），会务费每人每天100元，食住自理。

第二节

请示

学习任务

　　掌握请示的写法和要求，拟写格式规范和内容要素齐全的请示。

任务背景

　　飞翔职业学校在国庆节期间准备举行"迎新生　庆国庆"文艺晚会。需要向学校申请活动经费6千元。学校团委的陈书记对校文艺部部长黄芳说："交给你一个重要任务，请你给学校写一份请示，请求学校拨款6千元，用于购买晚会的道具和租演出服装。"黄芳说："好的。"

任务分析

一、请示的概念

　　请示是用于向上级机关请求指示、批准的上行公文。

二、请示的特点

（1）期复性　请示的目的是为求得批复。
（2）程序性　请示应当按照隶属关系逐级请求，不得越级行文。
（3）单一性　请示内容单一，一文一事。

三、请示的类型

按请示内容、性质、行文目的分，有请求指示的请示、请求批准的请示、请求帮助的请示。

（1）请求指示的请示　指遇到新情况、新问题，难以解决或不能擅自处理，需要上级机关给予明确指示，或对有关方针、政策和上级机关发布的规定、指示有疑问，需要上级机关给予解释和说明所使用的请示。

（2）请求批准的请示　指用于遇到超越本级组织权限的事项，必须获得上级的授权或批准才能办理时所使用的请示。

（3）请求帮助的请示　指下级机关有权办理的事情，由于条件限制无法办好，通过请示，请求上级帮助的请示。

四、请示的结构与写法

请示主要回答的问题为：为什么上呈请示、请示什么事项、对批复机关的请求、联系人是谁、谁请示、请求日期等。

请示由标题、主送机关、正文、落款四部分组成。

1. 标题

标题一般有两种写法。

（1）完全式公文标题，由发文机关＋事由＋文种构成，如《×××省人民政府关于增拨防汛抢险救灾用油的请示》。

（2）省略式标题，由事由＋文种组成，如《关于成立老干部办公室的请示》。也可以只有文种。

请示标题一般不用"请求"、"申请"等词语，避免与文种在语意上重复，如《××学校关于请求增拨招生指标的请示》。

2. 主送机关

请示的主送机关就是负责受理和答复请示的机关。

3. 正文

请示正文由请示缘由、请示事项、请示结语三部分组成。

（1）请示缘由　请示的缘由，即原因、目的、依据，一般而言，这部分要写明所遇到的新情况、新问题，或自身没有能力解决的困难，要写得充分、恰当、具体。然后用"为此，特作如下请示："、"现就×××问题请示如下："、"特请求（恳请）……"等过渡语引入下文。

（2）请示事项　请示事项部分，内容较少的可与缘由部分合为一体，内容多的则需要分条列项。

请求指示的请示，要写明需在哪些具体问题、哪些方面得到指示。请求批准的请示，应把要求批准的事项分条列项一一写明。如果涉及请求人、财、物等方面的支持和帮助，需要把编制、数量、途径等表达清楚、准确，以便上级及时批准。

（3）请示结语　在主体之后，另起一段，写明期复请求。常见的写法有"以上请示当否,请指示(批示)"、"妥否,请批复"、"以上请示,请予审批"、"以上请示如无不妥,请批准"、"特此请示,望批准"等。

4. 落款

在正文右下方标明发文机关名称和成文日期。

例文引路

例文 4-3

关于交通肇事是否给予被害者家属
抚恤问题的请示

最高人民法院:

据我省××县人民法院报告,他们对交通肇事致被害人死亡,是否给予被害者家属抚恤的问题,有不同意见。一种意见认为,被害者若是有劳动能力的人,并遗有家属要抚养的,给予抚恤。另一种意见认为,只要不是由被害者自己的过失所引起的死亡事故,不管被害者有无劳动能力,都应酌情给予抚恤,我们同意后一种意见。几年来的实践经验证明,这样做有利于安抚死者家属。

以上请示妥否,请指示。

××省高级人民法院(公章)
××××年×月×日

- 标题:事由+文种
- 主送机关
- 正文:缘由部分写依据、背景,事项部分具体提出两种不同意见,结语请求上级单位给予指示
- 落款:发文机关、印章、成文日期

例文 4-4

××技校关于承办省第十五届技校学生篮球赛
器材设备经费的请示

省教育厅:

将于2015年8月举行的省第十五届技校学生篮球赛由我校承办,鉴于我校目前比赛场地仍很简陋,比赛用器材也缺乏,为保证比赛顺利进行,需要改善设备和补充器材,为此,特请求省教育厅拨给专用经费叁万元整。

特此请示,望批准。

附:第十五届技校学生篮球赛器材设备预算表

××技校(公章)
2015年6月17日

- 标题:发文机关+事由+文种
- 主送机关
- 正文:缘由部分写清理由,事项部分明确提出解决的具体方案。结语请求批准
- 落款:发文机关名称、印章和成文日期

友情提示

请示写作的注意事项

（1）注意报告与请示的区别。
（2）请示只送给直接的上级机关，不越级请示。
（3）不能一文多事。
（4）不得抄送下级机关。
（5）语言得体。不能使用指示性语言。
（6）不滥用请示。

相关链接

请示写作的要求

（1）理由充分，依据有力，以利于上级机关了解实情、正确决策或理解认同、予以批准，因此请示的缘由部分相对而言比其他公文详细一些。
（2）事项部分必须明白、具体、恰当、切实可行。
（3）语气恳切得体。

任务巩固

一、修改下列公文标题

1. 关于申请××特区试办城市合作银行的报告

2. 关于禁毒工作情况的请示

3. 关于申请在××市举办第一届全国花展的请求

4. 关于××公司发展国际业务问题的请示报告

二、写作实训

1. 根据下述材料，拟写一份请示的正文：
××市遭受特大冰雹袭击，居民房屋损毁严重，市政府请求省政府拨款300万元整用于修复被毁的居民房屋及购买帐篷，以安置受灾居民。

2. 根据下述材料，拟写一份完整的请示：

××职业教育学校教育经费严重不足，教学设施陈旧，教学用品缺乏，不能满足正常的教学需求。请以××职业教育学校的名义向其上级××市教委写一份要求增加教育经费20万元整的请示。

第三节 报告

学习任务

掌握报告的写法和要求，拟写格式规范和内容要素齐全的报告。

任务背景

××××年×月×日凌晨1时20分，××学校××学生宿舍发生火灾事故。事故发生后，宿舍管理员马上拨打火警，市消防队出动了2辆消防车，至清晨2点，火灾被扑灭。所幸未造成人员伤亡。学校校务会决定由学校保卫科向上级主管部门教育局写一份情况报告。

任务分析

一、报告的概念

报告是下级机关向上级机关或业务主管机关汇报例行工作，反映突发情况，答复上级机关或业务主管机关询问时所使用的上行文。

二、报告的特点

（1）单向性　报告是下级机关向上级机关汇报工作、反映情况、提出建议时使用的上行文，不需要上级机关给予批复。在这方面，报告和请示有较大的不同，请示具有双向性特点，必须有批复与之相对应，报告则是单向性行文，不需要上级答复。

（2）陈述性　报告在汇报工作、反映情况时，所表达的内容和使用的语言都是陈述性的（叙述手法）。

（3）汇报性　报告以向上级汇报有关情况或工作为目的，即"下情上达"，没有请求事项，这也是报告和请示的重要区别点，报告只做汇报而不得夹带请示事项。

三、报告的类型

报告的种类很多，按不同的标准可以划分为不同的类型。

(1) 按范围分，有综合性报告、专题报告。
(2) 按内容分，有问题报告、会议报告、工作报告、检查报告。
(3) 按时间分，有年度报告、季度报告、月份报告、工作进程情况报告。
(4) 按行文意图分，有呈报性报告、呈转性报告。
(5) 按发文单位分，有国务院报告、省政府报告、市政府报告。
(6) 按性质和用途分，有工作报告、情况报告、答复报告、报送报告。

四、报告的结构与写法

报告主要回答：为什么要报告、报告什么事项、向谁报告、报告日期等。

报告一般由标题、主送机关、正文、落款四部分组成。

1. 标题

报告常用的标题有两种。

(1) 完全式公文标题，由发文机关＋事由＋文种组成。如《××市人民政府关于治理××河水质污染问题的报告》。

(2) 省略发文机关的写法，由事由＋文种组成，如《关于进一步加强森林防火工作的报告》。

2. 主送机关

报告的主送机关一般是发文机关的直属上级机关，故常用习惯性简称，如"省委"、"总公司"等。

3. 正文

正文一般由报告缘由、报告事项、报告结语三部分组成。

(1) 报告缘由　简要说明报告的背景、主要内容和结论等，常用"现将有关情况报告如下"作为过渡语引出事项部分。

(2) 报告事项　基本内容为：工作（情况）陈述及分析、经验或教训总结、处理措施或今后的计划。一般采用条列式，分条列项来写。

(3) 报告结语　常以"特此报告"、"特此报告，请审阅"、"以上报告，请审查"或"以上报告如有不妥，请指正"等惯用语做结语。

不同类型的报告，正文写法上有所不同。

工作报告主要有四个方面内容：工作的基本情况、成绩和经验，问题和教训，对策、措施或今后的打算。不同目的的工作报告，对上述各项内容又有不同的侧重点。

情况报告中"情况"主要指事件、现象和问题。包括事故、灾情、案情、工作中发生的严重问题或重大失误、突发事件等负面情况和重要的社情、民情等。情况报告的主要内容有：陈述情况或问题、进行原因分析、提出基本看法（还可提出处理意见或建议）。若为反映事故的情况报告，一般应写清以下内容：简述事故基本情况（时间、地点、单位，事故的简要经过、伤亡人数、直接经济损失的初步估计），采取的措施及事故控制情况，事故原因的分析，处理意见、对事故的认识及整改措施。

答复报告针对上级的询问作答，回答应完整、周详、明确。

报送报告正文通常非常简略，一般只需一个自然段，简要说明报送缘由，报送文件或物品的名称及数量，最后以"请查收"等惯用语做结语。真正有意义的内容在所报送的文件里。

4. 落款

在正文右下方标明发文机关名称和成文日期。

例文引路

例文 4-5

××市贸易局
关于百货大楼重大火灾事故情况的报告

省贸易厅：

2014年6月4日凌晨2时40分，我市江南区百货大楼发生重大火灾，经过两个多小时的扑救，于5时明火全部扑灭。该大楼二楼经营的商品以及柜台、货架、门窗等全部烧毁，直接经济损失达50万元。

经查明，造成此次重大火灾的原因：其一是二楼一个体裁剪户经二楼经理同意从总闸自接线路，夜间没断电导致电线起火，这是事故发生的直接原因；其二是该大楼领导对安全管理工作极不重视，内部管理混乱，安全制度不健全，违章作业现象严重，这是造成事故的间接原因。

火灾发生后，市政府、市贸易局十分重视，三次派人员到事故现场进行调查，并对事故进行认真处理，责令该百货大楼二楼经理刘××停职检查，个体裁剪户李××罚款贰仟元整，并听候进一步处理。

这次火灾事故损失惨重，教训十分深刻。今后，我们要吸取教训，切实加强对安全工作的领导，尤其加强对零售企业的安全管理，及时消除各种不安全因素和隐患，为企业创造良好的经营环境。

特此报告

××市贸易局（公章）
2014年6月10日

标题：发文机关+事由+文种
主送机关
正文：第一段简要地介绍了火灾情况、抢救措施及经济损失
正文：第二段写失火直接原因和间接原因
正文：第三段写对火灾的处理情况
正文：最后一段为对事故的认识及整改措施
正文：结语
落款：发文机关名称、印章、成文日期

友情提示

报告写作注意事项

（1）情况必须属实，有据可依。呈报性报告必须忠于事实，概括而具体，不可空洞无物，不可夸大或者缩小问题等。呈转性报告中提出的建议安排措施必须符合国家方针政策，具体明确，切实可行。

(2) 要求要明确，尤其是呈转性报告，结束语观点要鲜明，便于上级处理。特别要注意，结束语不能用请示语如"报告当否，请批示"。

(3) 条理要清晰，要突出重点，详略得当，如果内容较复杂，要围绕一个中心分项表述，避免重复和交叉。

(4) 不能夹带请示事项。

相关链接

报告写作的要求

(1) 实事求是，对工作中的成绩和问题都要如实反映，不能报喜不报忧。

(2) 突出重点，做到详略得当，主干突出。

(3) 以陈述为主，条理清楚。

(4) 情况报告应"一事一报"，及时报送，若提出处理意见，应写得具体明确。

任务巩固

一、根据下列内容，拟写完整标题

1. 2010年8月7日夜22点左右，甘肃甘南藏族自治州舟曲县发生特大泥石流。目前已致1239人遇难505人失踪；舟曲5公里长、500米宽区域被夷为平地。请以县政府的名义向市政府写一份情况报告。

标题：_____

2. ××职业学校学工处针对目前学生情绪低落、缺乏自信、不求上进等思想状况，在全校学生中开展了一系列的思想教育活动，以增强学生自信力，树立远大理想。请以学工处的名义向学校党委写一份情况报告。

标题：_____

二、根据下面的内容，写出主送机关

1. ××市第六中学遭受冰雹袭击，需要将有关情况向上级报告，那么，这份报告的主送机关是_____

2. ××市职业学校行政上隶属于市工业局，业务上隶属于教育局。学校为了提高教师的业务水平，利用假期组织教师进行培训，然后，需要将培训情况向上级汇报，那么，主送机关是_____，抄送机关是_____

三、根据下面的内容，拟写报告正文的提纲

××职业学校发生一起严重的食物中毒事件，有近千名学生中毒。原因是食堂采购员向

不法商贩购买了工业用盐做食用盐使用。事件发生后，学校领导非常重视，及时将中毒学生送往医院抢救，对有关责任人进行了严肃处理，并总结教训，加强管理。

四、写作实训

根据下面提供的材料，请以××市商业局的名义向××省商业厅起草一份报告。

1. 20××年2月20日上午9点20分，××市××百货大楼发生重大火灾事故。
2. 事故后果：未造成人员伤亡，但烧毁三层楼房一幢及大部分商品，直接经济损失792万元整。
3. 施救情况：事故发生后，市消防队出动15辆消防车，经4个小时扑救，大火才被扑灭。
4. 事故原因：直接原因是电焊工××违章作业，在一楼铁窗架电焊火花溅到易燃货品上引起火灾，但也与××××百货公司管理局及员工安全意识淡薄，公司安全制度不落实，许多安全隐患长期得不到解决有关。
5. 善后处理：市商业局副局长带领有关人员赶到现场调查处理；市人民政府召开紧急防火电话会议；市委、市政府对有关人员视情节轻重，做了相应处理。

第四节

函

学习任务

掌握函的写法和要求，拟写格式规范和内容要素齐全的函。

任务背景

飞翔职业学校在国庆节期间准备举行"迎新生　庆国庆"文艺晚会。拟请××艺术学校来老师指导开幕式的工作。学校团委的陈书记对校文艺部部长黄芳说："交给你一个重要任务，请你给××学校写一份函，请求他们派老师来指导我校的开幕式工作。"黄芳说："好的。"

任务分析

一、函的概念

函是各级行政机关、企事业单位、社会团体都可以使用的协商性公文。函适用于"不相隶属机关之间商洽工作，询问和答复问题，请求批准和答复审批事项"。

二、函的特点

（1）平等性和沟通性　函可用于不相隶属机关之间商洽工作、询问和答复问题，体现着双方平等沟通的关系，这是其他所有的上行文和下行文所不具备的特点。即使是向有关主管部门请求批准，只要双方不是隶属关系，就不能使用请示，对方也不能使用批复作答，只能用函，并且措辞、语气也跟请示和批复不相同，要体现平等和沟通的特点。

（2）广泛性和灵活性　函的发文机关范围广泛，只要是无上下级隶属关系的一切组织之间均可使用函。函的内容和格式也比较灵活，可按公函规范格式制作，联系一般事务时也可酌情用类似信件格式的公务便函，所以运用得十分广泛。

（3）简明性　函的内容单纯，一份函只写一件事项。函不需要在原则、意义上进行过多的阐述，而应直白陈述。

三、函的类型

函按照不同的划分标准可以分为不同类型。
（1）按性质分，有公函、便函。
（2）按发函的目的分，有发函、复函。
（3）按行文目的和适用范围分，有商洽函、询问函、答复函、请批函、告知函。

四、函的结构与写法

函主要回答的问题为：为什么发函、发函事项、谁发函、发函日期等。
函一般由标题、主送机关、正文、落款四部分组成。

1. 标题
函的标题一般有三种形式。
（1）完全式公文标题，由发文机关＋事由＋文种组成，如《国务院办公厅关于羊毛产销和质量等问题的函》。
（2）省略式标题，由事由＋文种组成，如《关于商借多媒体教室的函》，或由主送机关＋文种组成，如《给××技工学校的复函》。
（3）复杂式标题，由发文机关＋事由＋去（复）函机关＋文种组成，如《国务院办公厅关于同意××职业技术学院和××职业大学合并组建新的××职业大学的复函》。

2. 主送机关
在标题下一行顶格写明受函单位的名称。

3. 正文
函的正文一般由缘由、事项、结语组成。
（1）缘由　如果是发函，主要说明发函的根据、目的、原因等。如果是复函，要写明复函引据，即引述对方来函的标题、发文字号。通常采用的模式是"你单位《关于××××的函》（××函〔××××〕×号）收悉。经研究，函复如下："
（2）事项　如果是发函，应将商洽、询问、告知或者请求批准的事项作具体简洁的陈述。如果是复函，针对发函的事项进行答复。答复请批事项的函类似批复的写法，用"同意"、"原则同意"、"不同意"等词语明确答复,如果不同意或不完全同意对方请求事项,应说明政策依据或理由,并提出如何处理的建议。其他复函,也应针对来函的事项进行答复。

(3) 结语　发函的结尾往往提出要求对方答复的请求,常用"专此函达,请予函复"、"可否,请速函复"、"盼复"等期请语。复函常用"特此函复"、"专此函复"、"专此函告"等惯用结语收束。

4. 落款

在正文末的右下方写发文机关和成文日期。

例文引路

例文 4-6

××集团公司关于商洽委托代培涉外秘书的函

××技师学院：

本集团公司新近上岗的秘书缺乏专门的涉外秘书知识,业务素质亟待提高。据悉贵院将于今年9月开办涉外秘书培训班,为能尽快提高本集团公司涉外秘书人员的从业素质,我们拟选派8名在岗秘书委托贵院代培,随该班进修学习。有关代培费用及其他相关经费,将按时如数拨付。

专此函达,请予函复。

××集团公司(公章)

2014年7月20日

标题：发文机关+事由+文种
主送机关
正文：开头写原因、目的,主体写商洽的事项
正文：结语请求对方答复
落款：发文机关、印章、成文日期

例文 4-7

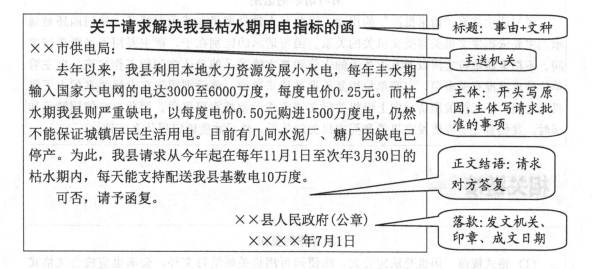

关于请求解决我县枯水期用电指标的函

××市供电局：

去年以来,我县利用本地水力资源发展小水电,每年丰水期输入国家大电网的电达3000至6000万度,每度电价0.25元。而枯水期我县则严重缺电,以每度电价0.50元购进1500万度电,仍然不能保证城镇居民生活用电。目前有几间水泥厂、糖厂因缺电已停产。为此,我县请求从今年起在每年11月1日至次年3月30日的枯水期内,每天能支持配送我县基数电10万度。

可否,请予函复。

××县人民政府(公章)

××××年7月1日

标题：事由+文种
主送机关
主体：开头写原因,主体写请求批准的事项
正文结语：请求对方答复
落款：发文机关、印章、成文日期

例文 4-8

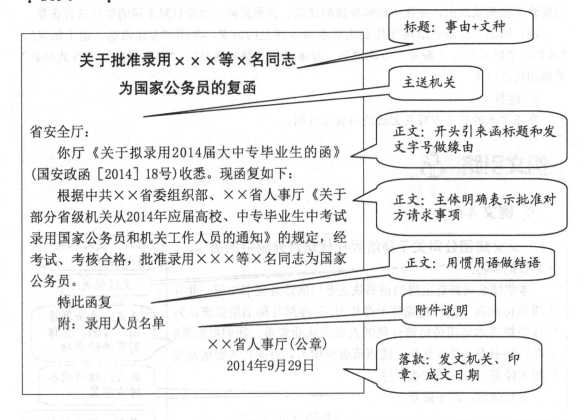

友情提示

函与请示的区别

函与请示都有"请求批准"的用途，因此有人常常把函和请示混淆了。使用函还是请示，主要依据发文机关与受文机关的关系。函与请示的区别在于，函主要用于平级单位之间、不相隶属单位之间以及有业务上的主管和被主管关系的单位之间的工作往来，向主管单位请求批准有关事项，主管单位用复函批准请求事项。请示则用于有隶属关系的上下级机关之间，下级机关用请示向上级机关行文请求指示批准重要事项。因此，在使用请示和函时，我们首先要弄清发文机关和受文机关的关系，然后才能确定用什么文种。

相关链接

函写作的要求

（1）格式规范　函也是法定公文，除便函可用机关便笺行文外，公函也应按公文格式规范行文，并编写文件字号。

(2) 表达得体　函是一种平行文，一般不具有指挥的指示性质，表达上应讲究分寸；态度上应平行诚恳，注意尊重对方；语气上要亲切自然，友好礼貌。发函要使用平和、礼貌、诚恳的语言，对主管机关要尊重、谦敬，对级别低的单位要平和，对平行单位和不相隶属的单位要友善。切忌使用生硬、命令性的语言。复函，则态度要明朗，语言要准确，避免含糊笼统、犹豫不定。

(3) 简洁明了　作为公事公办的文体，写作中要做到一函一事，开门见山，中心突出，用词简洁。无论发函还是复函，都不要转弯抹角，切忌空话、套话和发空泛的议论。

任务巩固

一、根据下列内容，拟写完整标题

1. 飞翔职业学校就送学生到工厂实习，请求××运输公司支援大型客车3辆。
标题：＿＿＿＿＿＿＿＿＿＿＿＿＿＿＿＿＿＿＿＿＿＿＿＿＿＿＿

2. ××市财政局来函要求飞翔职业学校帮培训会计两名，飞翔职业学校同意××市财政局的要求。
标题：＿＿＿＿＿＿＿＿＿＿＿＿＿＿＿＿＿＿＿＿＿＿＿＿＿＿＿

二、根据下面的材料，写出主送机关

1. 各省市、自治区、直辖市的工业主管部门向工业和信息化部咨询关于生产有关问题，函的主送机关是＿＿＿＿＿＿＿＿＿＿＿＿＿＿＿＿＿＿＿＿＿＿＿

2. ××市人事局希望各有关院校做好2014年毕业生就业的工作，函的主送机关是＿＿＿＿＿

三、简答题

（阅读例文4-6来回答下列问题）

1. 标题属于哪种类型？
2. 找出发文缘由、事项的具体内容。
3. 本文的结语是什么？

四、写作实训

1. 根据下述材料，拟写一份函的正文：
飞翔市职业学校于5月举行文化艺术节，希望××市艺术学校能派一位老师协助开幕式工作。

2. 根据例文4-7所提供的内容写一份复函。

第五章 宣传应用文

宣传应用文是指起宣传、报道、鼓动、介绍作用的应用文体。包括消息、广播稿、演讲稿、解说词等。

本章学习宣传应用文中的消息、广播稿、演讲稿、解说词。

通过本章的学习,你将能够:

* 了解消息、广播稿、演讲稿、解说词的概念、特点、类型;
* 理解消息、广播稿、演讲稿、解说词的格式和写作要求;
* 掌握消息、广播稿、演讲稿、解说词的写作方法,结合学校举行的各种活动,撰写消息、广播稿、演讲稿、解说词。

第一节 消息

学习任务

掌握消息的写法和要求,拟写格式规范和内容要素齐全的消息。

任务背景

由教育部、天津市人民政府等 31 个国务院有关部委办和行业联合会共同主办的 2014 年全国职业院校技能大赛,于 6 月 27 日在天津落下帷幕。

飞翔职业学校在本次竞赛中取得好成绩,共取得一等奖 3 个,二等奖 6 个,三等奖 4

个，为学校争得了荣誉。

学校团委书记对学校记者团的同学说："你们把这个喜讯写成报道，让全校的人都知道并分享这个好消息。"

任务分析

一、消息的概念

消息是用概括的叙述方式，比较简明扼要的文字，迅速及时地报道国内外新近发生的、有价值的、群众最关心的事实。

二、消息的特点

（1）内容真实，事实准确　真实是消息的生命，是力量的所在。事实是它的本源，也是它令人信服的基础。真实，就是事实真实，所写的人物、时间、地点、事情发生发展的经过不能虚构。准确，就是每个事实，包括细节在内都准确无误。如果一条消息失真或有差误，不仅会减低其新闻价值，失信于民，而且还会损害党和人民的事业。

（2）内容新鲜，有价值　新闻贵在新，而且有认识意义、启迪和指导意义。消息只有新，才能引起读者的注意，先睹为快。新，不仅要把新人物、新事件、新经验报道给读者，而且要选择有意义、有价值，给人以启迪，有指导性的事物。那种一味追求猎奇的"狗咬人不是新闻，人咬狗才是新闻"的观点，是我们所不取的。

（3）要迅速及时，有时效性　迅速是消息的价值，消息报道速度迟缓便会降低消息的价值，"新闻"变成了"旧闻"。时效，就是速度要快，内容要新。对新人、新事、新情况、新问题，要敏锐地发现，尽快地了解，迅速及时地反映。

（4）简明扼要，篇幅短小　简短是消息区别于其他文体的主要标志。所谓简短，就是"三言两语，记清事实，寥寥数笔，显出精神，概括而不流于抽象，简短而不陷于疏漏"，用笔要简洁利落，内容集中精炼。

三、消息的类型

消息的种类很多，按不同的标准可以划分为不同的类型。

（1）按报道内容分，有政治消息、经济消息、科技消息、军事消息、体育消息、教育消息、文艺消息、社会消息等。

（2）按媒体分，有文字消息（报纸）、广播消息、电视消息、网络消息等。

（3）按篇幅分，有长消息（1000字左右）、短消息（500字左右）、简讯（200字以内）等。

（4）按消息所报道事件的性质来分，有事件性消息（硬消息）、非事件性消息（软消息）。

（5）按写作特点分（现在国内比较通行的分法），有动态消息（包括会议消息）、综合消息、经验性消息（典型性报道）、述评性消息、人物消息、特写性消息、新闻公报等。

除以上分法外，近几年，新闻写作中又出解释性消息、预测性消息等。

四、消息的结构与写法

消息主要回答的问题为：什么时间、什么地点、什么人、发生什么事、事件过程、结果如何。

消息一般由标题、电头、导语、主体、背景、结尾六个部分组成。

1. 标题

标题是消息的眼睛，其作用是：吸引读者阅读，集中反映消息的精华，使读者对内容有概括性了解。

消息的标题往往有三种类型。

（1）正题，或叫母题、主题、大标题。这种标题以叙事为主，是标题的骨干和核心，高度概括消息的中心内容，简洁明了地反映消息内容的中心思想。其特点是明快、醒目、易记。

（2）引题，又称肩题、眉题。引题在正题之上，一般用来交代背景，说明原因，烘托气氛，解释意义，以引出正题。引题一般多做虚题。

（3）副题，又称子题、副标题。副题在正题之下，一般用来补充、注释、说明、印证主题。副题一般多做实题。

根据这三种标题类型，在制作的时候可组成三种标题形式。

① 单行标题　只有一行正题，它能简洁明了地反映消息内容的中心思想。要求：鲜明、醒目、易记。例如：

在健康游戏中陶冶情操　青少年电子竞技大赛启动

② 双行标题　引题和主题兼用，或是主题和副题并用。双行标题一般采用虚实结合，两者互为补充，使实题（正题）不秃，虚题（引题或副题）不空，相得益彰。例如：

十七大新闻中心举办"重视未成年人教育"集体专题采访
推进素质教育需要全社会共同努力

教育公平是社会公平的重要基础
——访十七大代表胡安梅、刘川生、丁继泉

③ 多行标题　主题、引题、副题全备。另一种是在主题、引题、副题之后再写提要题。多行标题一般用于内容较多、篇幅较长、意义重大的消息。例如：

坚定不移沿着中国特色社会主义道路前进　为全面建成小康社会而奋斗
中国共产党第十八次全国代表大会在京开幕
胡锦涛代表第十七届中央委员会向大会作报告
吴邦国主持大会
2309名代表和特邀代表出席大会

大会的主题是：高举中国特色社会主义伟大旗帜，以邓小平理论、"三个代表"重要思想、科学发展观为指导，解放思想，改革开放，凝聚力量，攻坚克难，坚定不移沿着中国特色社会主义道路前进，为全面建成小康社会而奋斗。

2. 电头

报纸上刊登的消息，其开头部分往往依次说明消息来源、时间和作者。如"据新华社2007年10月28日电（记者王泰然）"。

3. 导语

导语是消息的第一句话或第一个自然段，要求用极简明的文字概括消息的最主要的事实，揭示消息的主题，引导读（听）者看（听）消息的全文。导语的写法很多，常用的一般有以下几种。

（1）概述式导语　这是通过用直接摘要或归纳概括叙述的办法，以一句话概括通篇报道内容或其中的精华，把新闻中最新鲜、最主要的事实，开门见山、简明扼要地写出来，给读（听）者一个总的印象，以便提纲挈领地阅读（收听）全文。例如：

本报讯（记者　丰捷）613万考生迎来了他们人生一搏的时刻——2003年非典时期的正常高考今天静静地拉开帷幕。（第十四届中国新闻奖二等奖消息作品《北京：非常时刻，平常高考》的导语）

（2）描写式导语　对某一个富有特色的事实和一个有意义的侧面，用简明的语言进行描写，用以渲染气氛，引出主体，给读（听）者以鲜明的印象。例如：

本报讯　唱了几十年"马儿啊，你慢些走"的晴隆县城至中营邮路，去年年末已响起了汽车喇叭声。至此，全省告别了最后一条农村马班邮路。（第三届中国新闻奖二等奖消息作品《贵州告别最后一条马班邮路》的导语）

（3）评论式导语　从评论入手或把叙事和议论交织在一起，用夹叙夹议的方法对新闻事实进行简要评论的导语，又称评述式或议论式导语。例如：

新华社北京1999年8月18日电　世界各地的天文学家证实，8月18日没有发生特殊的天文现象，更没有发生地球毁灭这样的大劫难。世界各地的人们像往常那样度过了平静的一天，"天体大十字"这一"末世论"预言宣告破产。（第十届中国新闻奖一等奖消息作品《"天体大十字"预言宣告破产》的导语）

（4）对比式导语　将新闻事实跟别的事实进行纵向或横向的对比。或将今与昔、新与旧、正与误、美与丑、善与恶、忠与奸、兴与衰、老与少、优与劣等两方面的事实情况，进行两相对比，以前者为主，后者为陪衬，形成强烈反差，更鲜明地显现新闻事实的个性特征及其意义。例如：

本报讯　昨天，一场纷纷扬扬的春雨，泪水似地撒落在银河革命公墓公安坟场的烈士墓碑上，令近在咫尺的豪华墓园与黄土一堆的烈士坟形成了强烈的反差，扫墓者不禁为之心碎。（第八届中国新闻奖二等奖消息作品《寂寂烈士坟，纷纷春雨泪》的导语）

（5）设问式导语　用设问的方式引出消息报道的事实，设置悬念，引起读（听）者的注意和思考。例如：

本报讯（记者王泽农）果树结果不多怎么办？猪养不肥怎么办？这些在外行人看来很难办的问题到了浚县少年手里就不算什么了——少年技术的课堂上早就讲过其中奥秘。在河南省浚县，有80％以上的中小学校同时也是少年技校，孩子们在学习文化知识的同时还学到了一些劳动技能，大部分学生在走上社会时都拿到了技校合格证和学历毕业证。（第九届中国新闻奖二等奖消息作品《浚县少年怀揣"两证"出学堂》的导语）

（6）结论式导语　将消息事实的结论，在开头部分写出来，开门见山，反映事实的意义。例如：

本报讯（记者任佣报道）中国凭借其稳定的经济形势，充实的外汇储备，良好的外资结构和有效的外汇管理，完全有能力避开目前席卷东南亚的金融动荡。（第八届中国新闻奖一等奖消息作品《中国拒绝金融风暴登陆》的导语）

（7）引语式导语　引用与消息主要部分有关的诗句、格言或生动隽永的话做导语，以增强导语的生动性和力量。例如：

本报讯（记者管哲辉　李晓鹏）"农民合作社有合法身份了！"今天傍晚6时多，正在广东湛江西瓜基地的温岭市箬横镇西瓜合作社社长彭友达，边看浙江卫视新闻边接受记者电话采访。（第十五届中国新闻奖二等奖消息作品《农民专业合作社有了合法身份》的导语）

4. 主体

主体是消息的主要部分，它紧接导语之后，阐述导语所揭示的主题，或回答导语提出的问题，对新闻事实展开叙述。常见的主体写作有三种形式。

（1）倒金字塔结构　按消息事实的重要性由重到轻的顺序依次排列。

（2）时间顺序结构　按事实发生、发展的先后顺序安排内容层次。

（3）逻辑结构　根据事物之间的内在联系或逻辑关系安排内容层次。

5. 背景

消息背景是消息事实产生的历史条件、环境条件以及它和其他相关材料的种种联系。背景在消息中没有固定的位置。常用的背景材料有三种。

（1）对比性材料　对人物或事物的正反、今昔进行对比，在比较中突出其重要意义。

（2）说明性材料　对所报道的事实中有关的历史背景、地理环境、社会环境作出介绍与描述。

（3）注释性材料　对消息报道中涉及的概念、原理及名词、术语进行解释，以帮助读（听）者理解消息中的有关内容。

6. 结尾

结尾又称结语，是消息最后一句话或一段话。有些消息并无结尾，事实说完了，也就结束了。结尾的写作方式有如下几种。

（1）小结式　对所报道的事实或意义作简要概括，以突出重点，加深印象。

（2）启发式　在讲完主要事实后，为启发读（听）者，用启发或激励的语言给读者留下思考的余地。

（3）展望式　在报道完主要事实之后，进一步指出事情发展的必然趋势或必然结果。

（4）号召式　根据报道的事实提出具有号召性的意见，激励读（听）者为实现某一目标而行动。

例文引路

例文 5-1

落叶寄情　环保暖心
飞翔职业学校举办"落叶送祝福与盆摘义卖活动"

本校记者团王晓莉报道：2014年12月27日由团委举办的"落叶送祝福与盆摘义卖活动"在学校中心广场举行。一片片落叶成了同学们书写关心与祝福的载体。

为了倡导绿色祝福、爱心传递的风气，我校团委举办了"落叶送祝福与盆摘义卖活动"，倡导用落叶代替纸质贺卡，在送出祝福的同时节约资源；同时通过盆摘义卖，资助敬老院孤寡老人。活动吸引了众多同学积极参与。据悉，仅27日一天就大约有1千片落叶成为了祝福的寄托，它们会在新年到来之前被送到指定的同学手中。现场义卖的盆栽也深受同学们的欢迎。一位同学表示，愿意省下节日的娱乐花销，买下一个实用又美观的盆栽，这样既能为宿舍增添一道风景，又能将爱心传递，用盆栽的钱为敬老院的孤寡老人们送去节日的温暖。

落叶寄情，环保暖心。"我们希望通过活动服务同学，帮助他人，在送去关心与祝福的同时，也送去环保理念，并将爱心传递开去。"团委的一位工作人员表示。

> 标题：双行式标题，引题从侧面对主标题进行说明，主标题简明、醒目地提示了消息的主题

> 导语：概括消息的最主要的事实

> 主体：对新闻事实展开叙述

> 结尾：对所报道的事实的意义作简要概括

友情提示

消息写作十条规则

（1）在你没有理解事件本身之前，不要动笔去写。
（2）在你不知道你要说些什么以前，不要动笔去写。
（3）要表现，不要陈述。
（4）把精彩的引语放在消息的前头。
（5）把精彩的实例或故事放在消息的前头。
（6）运用具体名词和富于动作色彩的动词。
（7）尽量少用形容词，不要动词上再用副词
（8）尽量避免自己去作判断和推理，让事实说话。
（9）在消息中不要提那些你回答不了的问题。
（10）写作要朴实、简洁、诚实、迅速。

相关链接

消息的写作要领

（1）**内容要新鲜**　要在选择题材中下功夫，从比较中发现什么才是新的事实、新的成就、新的经验、新的见解、新的问题。作者要有敏锐的眼光，要了解全局性的情况，要占有资料，要做有心人。写消息，力求具有一定的思想，以便能给人以启迪。有些事情，尽管事实不是那么新鲜，但有意义，那就要选择新的角度加以报道。

（2）**事实要准确**　采写消息，一定要把事实弄清楚，并且核对无误。真实性，是新闻的生命之所在。

（3）**采访要快，写作要快，讲究时效性**　无数事实表明，在当今世界，同一重要事件，不要说迟发一天半天，就是迟发几小时、几分钟，我们的消息便会在竞争中失利，在舆论上遭受不应有的损失。反之，我们讲究消息的时效性，就能在竞争中赢得主动权。

（4）**篇幅要短，容量要大**　也就是说，要提高消息的"含金量"。消息写作提倡"短些，短些，再短些"，但也不能短到空洞无物的地步，而应力求短而有丰满内容，短而实。

（5）要写得通俗、生动、形象，具有可读性。

（6）**反复锤炼语言，多一字不如少一字**　消息以语言简洁为上乘，要珍惜每个字，推敲每句话，力求字字句句载着尽可能多的信息。要用凝练、传神、明白如话的文字，去点拨新闻事实，让读（听）者品味、领略消息中所包含的丰富内容。

任务巩固

写作实训

1. 以学校记者的身份写一篇有关学校运动会的消息，要求采用三行标题、有电头、导语、主体、背景、结尾，不少于300字。

2. 请你采访本校或当地社会上新近发生的具有新闻价值的事件，写一篇500字左右的消息。

第二节
广播稿

学习任务

掌握广播稿的写法和要求，拟写格式规范和内容要素齐全的广播稿。

任务背景

飞翔职业学校举办田径运动会，××班宣传委员李红说："为了鼓舞班级和运动员的士气，反映我班团结拼搏的班风，请同学们写加油鼓劲的广播稿。"同学们齐声回答："好的。"

任务分析

一、广播稿的概念

广播稿不是指一种体裁的名称，而是指替广播电台、电视台、广播站写的供广播用的各种新闻类文体的稿件统称。

二、广播稿的类型

广播稿的种类是丰富多彩的，如诗歌、散文、小说、广播剧、通讯、评论等，一切文体都可以写成广播稿。按不同的标准划分可以分为不同的类型。按广播报道形式分，有录音讲话（包括录音座谈会）、录音报道（包括文字解说、音响和配乐、人物谈话）、录音新闻、口头报道、录音通讯、录音特写、录音访问、配乐广播、广播对话、广播新闻评论、广播大会、重大集会的实况广播、重要文艺、体育表演活动的实况转播等。

三、广播稿的特点

（1）可听性　它主要是靠有声语言来影响听众（观众），进行宣传，具有可听性。

（2）时效性　因为它是以电波传递声音的，所以速度快，时效性更强。

（3）广泛性　由于广播、电视不受时间、空间和听众知识水平的限制，收听（视）率很高，范围广，听（视）众多，具有广泛的群众性。

四、广播稿的写作要点

1. 要通俗化、口语化

广播是一种作用于听觉的媒体，广播稿是用耳朵听，广播语言要具备可听性，念起来顺口，听起来省力。要求语言明白易懂口语化，口语化要求写"话"而不是写"文"。因此，写稿时，要做到如下几点。

（1）多用短句，少用或不用长句。

（2）少用方言、土语，尽量不用群众不熟悉的简化词或简称。

（3）少用书面词汇、文言词汇和单音词。把单音词改成双音词；书面语改成口头语；文言词改用白话；音同字不同的词要改换。

（4）不宜用小括号、破折号、省略号，因为其中的内容不便读出来；那些表示否定含义的引号也尽量不用，改用"所谓的"。

2. 结构简洁明了

广播稿由于受到时间的限制，更要注意干脆利落。

(1) 突出句子的主干，不滥用不必要的附加成分。

(2) 用准确的词贴切地表达要说的意思，不说空话、套话。

(3) 不用倒装句，不用倒叙和插叙。广播稿的叙事，一般按事物过程的发展顺序，因为这样顺乎人们听的思路和习惯。

3. 生动活泼

(1) 采用多种写作方法，避免单调乏味。

(2) 句式富于变化，运用设问、排比、对偶等句式，使文章有文采；适当选择主动句、被动句、肯定句、否定句等句式使文章有感染力。

(3) 具体的事例比抽象的议论更能吸引听众的注意力。

4. 主题单一集中

开头要吸引观众，主体要设计悬念，结尾要不落俗套。

5. 音调和谐

广播稿要避免连续出现仄声字，平仄声要互相交错、配合得当，读起来就会抑扬顿挫，悦耳动听。

例文引路

例文 5-2

《青春》广播稿 ← 标题概括了广播的内容

老师们、同学们：

大家好。

聆听最美妙的文章，感受最绚丽的世界，这里是传递美的"美文欣赏"，我是主播李莎。今天给大家欣赏散文《青春》。

校园，灵魂的复活。无论头上是怎样的天空，我准备承受任何风暴。像折梯一样，为了显示别人的高度，不惜屈身埋没自己的尊严；像橡皮擦一样，为了改正别人的错误，不惜耗尽自己的生命；像蜡烛一样，为了照亮别人，不惜用尽自己的"泪水"。这正如龚自珍所说的"落红不是无情物，化作春泥更护花"。雷锋精神，不正是如此吗？雷锋他不是挺立在高山峻岭上的古松，也不是屈身于斗室的盆景，而是辽阔草原上的一棵小草——为壮丽的河山添上一笔新绿；他不是高悬天宇的太阳，也不是萦绕草间的萤火，而是炉膛中的一缕火苗——为寒冷的人们送去温暖。这种雷锋精神的可嘉之处，作为21世纪的中学生，更应该学习。让雷锋精神像长城一样永垂不朽，让他的灵魂永远复活在这们的校园之中。在人生之中，我们总是到处寻找幸福，幸福在哪里？幸福就在我们的校园里。学校，我们的幸福家园，培育了一代又一代的学子。它让我们知道拥有青春，就拥有一份潇洒和风流；拥有青春，就拥有了一份灿烂和辉煌。它让我们知道青春，是一本自传体的大书，书的作者是自己。那么我们要怎样写好它

← 广播的内容

呢？我们要用智慧的头脑构思，良好的道德立意，用崇高的理想布局，用坚定的信念写作，用奋斗的精神修改，用执着的追求出版！不是吗？只要人人都献出一点爱，校园将变成美丽的天堂，做透学问的真假伪劣；只要人人都献出一点爱，校园将变成温暖的集体大家庭，尝遍生活的酸甜苦辣；只要人人都献出一点爱，校园将变成快乐的社会大舞台，演尽人间的悲欢离合。构建和谐校园，就是在构造自己。同学们加油吧！你的人生会很精彩。你的校园也将精彩！

友情提示

怎样写好广播稿

（1）广播稿要写标题　好的标题是成功的一半，如果一篇广播能有一个好的标题，那么就会给人以好的印象。广播稿的标题不一定要求必须要有文采、诗韵，但应尽量反映整个报道的主题、内容，让人听了题目就能明白整个报道的大概内容。标题应当简短，不宜太长。希望同学们养成写标题，写好标题的习惯。

（2）广播稿要有一个明确的主题思想　任何作品都有一个主题，广播稿也不例外，你赞成什么，反对什么，你的态度，你的爱憎，在你的广播稿中同样要求体现出来。当然，大家应该注意，你的主题一定要是积极向上的，健康有意义的，别人听了之后，应该有所感悟，有所启发，有所收获。

（3）确定报道的内容是已经发生或正在进行的事实　广播稿应该报道的是已经发生或是正在进行的事实，如果不是重大活动或会议等，就没有必要报道其计划、筹备工作。

（4）注意人称的使用　广播稿应该以第三人称来写，最好不要以第一人称来写。

（5）避免犯一些简单的语法错误　广播稿要突出句子的主干，不滥用不必要的附加成分。

（6）一事一报　一篇广播报道一件完整的事情就可以了，不要把几个报道放在同一篇广播稿报道，从而使其混杂化了。一篇一报可以使内容更集中化，单一化。

（7）注意书写的规范　广播稿应该统一使用格子信笺或是使用打印稿，这是最基本的要求。

相关链接

怎样发现写广播稿的材料

很多同学觉得每天的生活很平淡，没什么可写的，其实不是这样。我们生活在校园内，发生在校园的事都可以成为我们写广播稿的材料，还有回家、上学路上发生的事也可以。我们身边有这么多老师和同学，每天围绕着他们应该有很多的动人故事，只要大家去发现，用心去观察，上课、自习、打扫卫生、吃饭、打水等都是材料的来源。其次，大家要关心学校每周的大事，一般在星期一升旗的时候，学校领导的讲话会总结上一周的工作，然后对照自己班上同学的落实情况，看有没有突出的典型，如果有，大家就可以写他。再有，大家要关心国家大事，看新闻联播，看报纸，以及从老师的口中得到一些有关国家方针政策方面的信息，然后看你周围的人是如何去实践的。如：节约、安全、卫生、文明、和谐等，这都是可以写的话题。

任务巩固

一、广播稿要求通俗、口语化，一听就明白。把下面一段文字改作广播稿时，有四处非改动不可，请写出这四处。

自从我省西部地区发生强烈地震以来，本市各界对震灾后的人民生活十分关心，积极开
　a　　　　b　　　　　c　　　　　　d　　e
展赈灾活动，捐款累计已逾 100 万元之巨。我厂原来已经捐款（包括捐赠衣服、物品折款）8
　f　　　g　　　h　　　　　　　　　　　　　　　　　i
万元，昨天又捐款 2 万元。这些钱物已经转送到了灾区。
　　　　　　　　　　　　j　　　　　　　k

二、这是一篇广播稿，有多处不当，请作修改。

同学们，下面播放一条石破天惊的好消息：我校男子篮球队今天上午在市中等职业学生运动会的男篮半决赛中，经过一个多小时的鏖战，以 88∶85 险胜市工贸学校代表队，摘取了本届市运会男篮桂冠。

今天上午，骄阳似火，我校男篮队员发扬了"一不怕苦，二不怕死，顽强抵抗，团结拼搏"的精神，赛出了水平，赛出了风格！特别是陈阳同学沉着冷静，一人独得 22 分，为我队的获胜立下了丰功伟绩。

三、写作实训

请根据学校或班组中的好人好事，写一篇广播稿。

第三节

演讲稿

学习任务

掌握演讲稿的写法和要求，拟写格式规范和内容要素齐全的演讲稿。

任务背景

2014年,教育部、共青团中央、全国妇联、中国关工委、中华职业教育社将以"中国梦·我的梦"为主题举办第十一届全国中等职业学校"文明风采"竞赛活动。其中,为引导学生表达爱国之心、强国之愿、报国之志,勇于实现自己的梦想,设置了"中国梦·我的梦"演讲赛项。

飞翔职业学校要求每个学生写一份"中国梦·我的梦"演讲稿。

任务分析

一、演讲稿的概念

演讲稿也叫讲演稿、演说辞、讲话稿,它是演讲者在演讲前事先准备的供演讲使用的文稿。

二、演讲稿的类型

由于演讲的内容、形式、功能复杂多样,演讲稿按不同的标准可以划分为不同的类型。

(1)按演讲目的趋向分,有立论性演讲稿、排他性演讲稿、礼仪性演讲稿、阐释性演讲稿等。

(2)按表达形式分,有叙述型演讲稿、议论型演讲稿、抒情型演讲稿等。

(3)按内容分,有政治演讲稿、生活演讲稿、学术演讲稿、法庭演讲稿、宗教演讲稿等。

(4)按用途分,有竞选演讲稿、就职演讲稿、欢迎演讲稿、告别演讲稿等。

(5)按地点分,有街头演讲稿、广场演讲稿、厅堂演讲稿、墓前演讲稿等。

(6)按保密性分,有秘密演讲稿、公开演讲稿等。

(7)按准备情况分,有命题演讲稿、即兴演讲稿等。

(8)按主题分,有专题演讲稿、自由演讲稿等。

三、演讲稿的特点

为演讲准备的稿子具有以下几个特点。

(1)针对性 根据不同场合和不同对象,为听众设计不同的演讲内容。

(2)可讲性 演讲要诉诸口头,拟稿时必须以易说能讲为前提。演讲稿的要求则是"上口入耳"。一篇好的演讲稿对演讲者来说要可讲,对听讲者来说应好听。

(3)鼓动性 演讲是一门艺术。好的演讲自有一种激发听众情绪、赢得好感的鼓动性。要做到这一点,首先要依靠演讲稿思想内容的丰富、深刻,见解精辟,有独到之处,发人深省,语言表达要形象、生动,富有感染力。如果演讲稿写得平淡无味,毫无新意,即使在现场"演"得再卖力,效果也不会好,甚至相反。

(4)口语化 演讲稿是靠演讲者诉诸听众听觉的演讲来实现其价值的。语言要口语化,通俗易懂,要浅近又风趣。少用书面语言,多用大众口语;少用复杂长句,多用精辟短句。

让人一听就懂，从而深深地吸引听众的注意力。

四、演讲稿的结构与写作

演讲稿主要回答：向谁演讲、为什么演讲、演讲事项、对听者的希望、演讲者、演讲的日期等。

演讲稿一般由标题、称呼、正文、结尾四个部分组成。

1. 标题

演讲稿的标题无固定格式，一般有四种类型。

（1）揭示主题型，如《人应该有奉献精神》。

（2）揭示内容型，如《在省科技工作会议的讲话》。

（3）提出问题型，如《当代技校学生应具备什么素质》。

（4）思考问题型，如《象牙塔与蜗牛庐》。

2. 称呼

演讲的对象不同、场合不同称呼也就不同。常用"同志们"、"朋友们"等，也可加定语渲染气氛，如"年轻的朋友们"等。常见的有"各位领导"、"各位来宾"、"女士们、先生们"、"同志们"、"朋友们"等，通常在称呼前加上"尊敬的"、"敬爱的"等词，以示尊重和友好。

3. 正文

正文由开头语、主体和结语三部分组成。

（1）开头语　开头语的任务是吸引听众、引出下文。有六种形式。

① 由背景和问候、感谢语开始。

② 概括演讲内容或揭示中心论点。

③ 从演讲题目谈起。

④ 从演讲缘由引起。

⑤ 从另件事引入正题。

⑥ 用发人深省的问题开头。

（2）主体　主体即中心内容。一般有三种类型。

① 记叙性演讲稿　以对人物事件的叙述和生活画面描述行文。

② 议论性演讲稿　以典型事例和理论为论据，用逻辑方式行文，用观点说服听众。

③ 抒情性演讲稿　用热烈抒情性语言表明观点，以情感人，说服听众，寓情于事、寓情于理、寓情于物。

（3）结语　是讲演能否走向成功的关键，常用总结全文，加深印象；提出希望，给人鼓舞；表示决心、誓言；照应题目、完整文意等方法在激动人心的结语中结束全文。

4. 结尾

演讲稿的结尾要力求做到简洁明快。要善于运用感情色彩浓郁的词语或修辞手法，要富于鼓动性，给人留下深刻的印象。

常见的结尾方式如下。

（1）总结全文式。

（2）展示前景式。

（3）借用名言式。

（4）哲理升华式。
（5）风趣幽默式。
（6）激励号召式。
（7）余味无穷式等。

例文引路

例文 5-3

《中国梦，我的梦》

尊敬的各位老师、亲爱的同学们：

　　大家好！我演讲的题目是《中国梦，我的梦》。

　　梦，是雨后的彩虹；梦，是绚丽的畅想；梦，是生命的渴望。梦，是追求，是奋斗，是挥洒的汗水。夸父追日，是追求光明的梦；嫦娥奔月，是飞天的梦；愚公移山，是人定胜天的梦。梦，是令人遐思的字；梦，也是催人奋进的字；梦，更是诠释生命意义的字。你的梦，我的梦，他的梦汇聚成十三亿人民的梦，这就是中国梦。中国梦是你的梦，我的梦，他的梦，十三亿人民的梦。曾记否：1840年，帝国主义的坚船利炮、列强燃起的滚滚硝烟，打碎了天朝上国的迷梦，开始了中国人民百余年的噩梦，成了中国人民不灭的悲惨记忆。从此，神州大地无数志士仁人开始了轰轰烈烈追逐重振东方雄狮的梦！一个又一个这样的梦，被列强扼杀在摇篮之中。1921年，从一条船上产生了一个历史上全新的中国梦。为了这个梦，走草地，爬雪山，过大江，流了汗，洒了血……；终于，这个伟大的梦1949年10月1日成真了。这个梦是艰难的梦，因为她饱含了烈士的鲜血；因为她饱含了仁人的毕生的努力；因为她更饱含了亿万人民百余年不息奋斗和苦难。有了梦就有奋斗；有了梦就有追求；有了梦生命就不再荒芜；有了梦就有灿烂的中华历史。

　　新中国成立了，中华亿万儿女又开始了新的征程，有了新的梦。这个梦就是强国之梦；这个梦就是富民之梦。这个梦里有我们的爷爷；这个梦里有我们的父亲；这个梦里有我们的兄长。为了这个梦，一个老人带领华夏儿女自力更生、愚公移山改造、建设满目苍夷的祖国；为了这个梦，又有一个老人在中国南方画了一个圈。这个梦中有战天斗地的豪情，也有历史的曲折，更有这个民族心酸的记忆。

　　俱往矣，还看今朝。中国梦迎着朝阳，走进新时代；走进新生活；走进新世界。今天的中国梦更丰富、更精彩、更美丽；今天的中国梦不仅是强国之梦、富民之梦，更是民主、和谐、文明之梦；更是山川秀美之梦。

> 标题：揭示主题
>
> 称呼
>
> 正文开头语，从演讲题目谈起
>
> 第二自然段至第四自然段是正文主体，用抒情的语言讲述了中国梦

一个没有梦的人，则这个人的生命便失去了应有的光华；一个没有梦的民族，则这个民族就失去了灿烂的历史；一个没有梦的国家，则这个国家就失去了世界！没有奋斗的梦就是没有翅膀的鸟儿；没有努力的梦就是荒芜的沙漠；没有汗水浇灌的梦就是瞬间璀璨的泡影。作为小小的我，也有我甜蜜的梦，为了这甜蜜的梦，从我做起，从现在做起，从每一分钟做起；播种每一滴青春的汗水努力读书，收获未来成真的甜梦。中国梦，是你的梦，是我的梦，是他的梦，是十三亿中华儿女的梦；中国梦里有你的努力，有我的追求，有他的汗水；中国梦是十三亿中华儿女的辛勤，是十三亿中华儿女的自强不息，是十三亿中华儿女的智慧与创造！同学们，努力读书吧，努力请从今日始，为了我们甜蜜的梦，为了伟大的中国梦！

> 结尾重新点题，呼应全文

友情提示

演讲稿写作注意事项

（1）了解对象，有的放矢　演讲稿是讲给人听的，因此，写演讲稿首先要了解听众对象：了解他们的思想状况、文化程度、职业状况如何；了解他们所关心和迫切需要解决的问题是什么等。否则，不看对象，演讲稿写得再花功夫，说得再天花乱坠，听众也会觉得索然无味，无动于衷，也就达不到宣传、鼓动、教育和欣赏的目的。

（2）观点鲜明，感情真挚　演讲稿观点鲜明，显示着演讲者对一种理性认识的肯定，显示着演讲者对客观事物见解的透辟程度，能给人以可信性和可靠感。演讲稿观点不鲜明，就缺乏说服力，就失去了演讲的作用。演讲稿还要有真挚的感情，才能打动人、感染人，有鼓动性。因此，它要求在表达上注意感情色彩，把说理和抒情结合起来。既有冷静的分析，又有热情的鼓动；既有所怒，又有所喜；既有所憎，又有所爱。当然这种深厚动人的感情不应是"挤"出来的，而要发自肺腑，就像泉水喷涌而出。

（3）行文变化，富有波澜　构成演讲稿波澜的要素很多，有内容，有安排，也有听众的心理特征和认识事物的规律。如果能掌握听众的心理特征和认识事物的规律，恰当地选择材料，安排材料，也能使演讲在听众心里激起波澜。换句话说，演讲稿要写得有波澜，主要不是靠声调的高低，而是靠内容的有起有伏，有张有弛，有强调，有反复，有比较，有照应。

（4）语言流畅，深刻风趣　要把演讲者在头脑里构思的一切都写出来或说出来，让人们看得见、听得到，就必须借助语言这个交流思想的工具。因此，语言运用得好还是差，对写作演讲稿影响极大。要提高演讲稿的质量，不能不在语言的运用上下一番功夫。

相关链接

演讲经验十六条

(1) 演讲的前一晚必须保证充足的睡眠,使喉咙获得良好的休息。

(2) 穿着合宜得体的服装。

(3) 在演讲前,如果有机会与听众打成一片,应该把握住,与听众握握手,对他们微笑,或打个招呼。

(4) 心理上、情绪上、精神上保持放松,预先假设可能发生的事,但不要被它困扰。

(5) 在讲台上,要轻松自在地站好。

(6) 最应该注意的当然是演讲的内容。在做引言时,应先将重点主题陈述出来,然后在主文中,将主题一一剖析,并且赋予新的观点。试着多讲一些辞藻丰富的话。可能的话,最好掺入一点幽默的字眼(千万不能使听众觉得无聊)。注意强调重点,戏剧性地把它们说出来,随后降低声音,再安静下来。

(7) 准备周全的题材,并且做好充分的预备和练习。

(8) 演讲前不要进食。乳制品尤应禁止,因为它可能使你的喉咙充满黏液。

(9) 演讲前对自己说:"你很棒!"

(10) 上台前做几次张大嘴巴的动作,当然,大笑也可以,如果有理由,这样你的下颚会变得柔韧舒服。

(11) 要开始说话时,保持微笑环视所有听众,然后做一次深呼吸。

(12) 头几句要轻松一点,引领听众不由地发笑。

(13) 在听众中找一两张快乐友善的脸,经常望望他们,这会令你觉得自己被重视。

(14) 仔细听一听麦克风传来的自己的声音,以确定自己的嘴巴是应靠麦克风近一点,还是远一些。

(15) 多用一些肢体语言,借此帮助你吸引听众的注意。

(16) 手边放一杯水,喉咙干燥时就啜一口。

任务巩固

一、谈谈你对以下几种开场白的看法

1."大家让我来讲几句,本来我不想讲,一定要讲就讲吧。"

2."同志们,我没什么准备,实在说不出什么。既然让我讲,只好随便讲点,说错了请大家原谅。"

3."同志们,这几天实在太忙,始终抽不出时间,加上身体欠安,恐怕讲不好,请大家原谅。"

二、谈谈你对以下几种结束语的看法

1. 美国独立战争前夕，斐特瑞克·亨利在弗吉尼亚议会上发表演说，最后他激动地说："在这场斗争中，我不知道别人会如何行事，至于我，不自由，毋宁死！"听了他的演讲议员们群情激愤，立刻站起来高喊"拿起武器！"以后，这充满激情的富有鼓动性的话，竟成为一句激励人们斗志的战斗口号。

2. 在第二次世界大战中，戴高乐在英国伦敦向法国人民发表了《反法西斯广播演说》，最后，他说："无论发生什么情况，抵抗法西斯的火焰决不应该熄灭，也绝不会熄灭。"

3. 郭沫若在《科学的春天》中是这样结尾的："春天刚刚过去，清明即将来临。日出江花红似火，春来江水绿如蓝。这是革命的春天，这是人民的春天，这是科学的春天！让我们张开双臂，热烈拥抱这个科学的春天吧！"

三、阅读题

阅读下面这个案例后，回答后面的问题。

有一回，美国著名作家马克·吐温听一个牧师说教。初听讲得很有力，打算捐出带来的所有钱。过了十分钟，牧师还在没完没了地讲，于是，马克·吐温准备只捐出很少的零碎钱。又过了十分钟，牧师还在啰唆，马克·吐温决定一个钱也不给了。等到牧师终于讲完，收款的盘子递到他眼前时，他气得不但没有捐款，反而从盘子里拿走了两块钱。可见，冗长、啰唆的演讲，既害人又害己。

1. 马克·吐温为什么开始想捐款，又决定一个钱也不给了，最后反而从盘子里拿走了两块钱？

2. 谈谈你对这个案例的看法。

四、写作实训

学校准备举办"中国梦　我的梦"演讲比赛，请你写一篇演讲词。

第四节

解说词

学习任务

掌握解说词的写法和要求，拟写格式规范和内容要素齐全的解说词。

任务背景

飞翔职业学校在建校50周年到来之际，为了向全校师生和社会各界人士全面展示学校50年发展轨迹和优良办学传统，建设了校史馆。老师要求学生为校史馆写解说词。

任务分析

一、解说词的概念

解说词是对展览、实物、影视、图片、名胜古迹和历史文物进行解释说明的一种文体。

二、解说词的类型

解说词的种类很多，按不同的标准可以划分为不同的类型。

（1）按写作对象分，有文物古迹解说词、风景园林解说词、重点建筑解说词、专题展览解说词、产品展销解说词、标本解说词、电影解说词、电视节目解说词、广播剧解说词、音乐解说词等。

（2）按写作特点分，有说明型解说词、文学型解说词。

（3）按性质和作用分，有电影解说词、展览解说词、专题活动解说词等。

三、解说词的特点

（1）附着性　解说词是配合实物、图片、画面等的解说，实物和形象是解说词写作的依据，忠实于实物和形象是解说词写作的基本原则。围绕实物、形象这一中心点，安排结构，组织段落。一段解说词对准一幅画面或一组电影、电视镜头，不能错位，不能脱离解说对象另搞一类。

（2）语言通俗化、口语化　解说词接触的对象广泛，观众、听众的年龄、职业、文化程度差别很大。解说词要顾及到各方面，要通俗易懂，易于被广大观众、听众所接受。它不仅让人看，让人听，有的还供解说员讲，因此必须口语化，读起来顺口，听起来顺耳。尽量少用书面语言。

（3）文艺性强　解说词不是空洞的说教，必须通过形象的语言对实物进行描绘，就像报告文学是报告事实和文艺创作一样，解说词是说明和描写的结合，具有文学创作的一些特点，好的解说词是一支感人的歌，一首动人的诗。

四、解说词的结构与写法

解说词主要回答：向谁解说、解说什么事物、对听解说者的希望、谁解说、解说词拟写的日期等。

解说词一般由标题、前言、主体、结尾四个部分组成。

1. 标题

解说词的标题一般有三种形式。

(1) 解说对象＋文种，如《象鼻山解说词》。
(2) 解说对象＋参观（考察、导游）＋文种，如《××市生态工业园参观考察解说词》。
(3) 概括主题或内容，如《百年潮·中国梦》。

2. 前言
介绍事物的名称、价值、意义等。常有表示欢迎的内容。

3. 主体
做具体解说。要根据解说的目的、场合、对象，具体写明解说的事项，抓住事物的本质特征，运用多种表达方式，将知识性与趣味性相结合。

4. 结尾
总的感受，归纳主题。常有表示祝福、感谢的内容。

例文引路

例文 5-4

飞翔职业学校运动会开幕式解说词

金秋十月，丹桂飘香，在这秋高气爽的大好日子里，我校5000多名师生迎来了第16届运动会。这是一次全面贯彻党的教育方针的盛会，是一次展示我校开展素质教育成果的盛会。在这次运动会上，将有3000多名运动员在运动场上拼搏。我们相信，运动员们一定会秉承"更高、更快、更强"的奥运精神，赛出风格，赛出水平，赛出成绩；我们相信，在全校师生的共同努力下，这次运动会必将开成团结拼搏的大会，欢乐祥和的大会。下面对各方阵队一一介绍。

伴随着无可比拟的骄傲和坚如磐石的虔诚，威武庄严的国旗队向我们走来。国旗在他们的护送下格外醒目。那铮铮有声的脚步，引领着飞翔学校的发展鳌头，那威风凛凛的身姿，昭示着伟大祖国的蒸蒸日上。

管乐声声，鼓乐震震。这是一片花的海洋，这是一道亮丽的风景。风雨彩虹，铿锵玫瑰。在雄壮的鼓乐声中，我们看到管乐队向主席台走来，他们用一曲曲美妙的旋律，谱写出一首首动人的乐章和青春的赞歌。

飞扬青春，挥洒活力，现在看到的是五彩斑斓的彩旗队。那鲜艳的旗帜是他们飞舞的年轻的心，承载着他们火热的情。

现在经过主席台的是化工专业代表队。这是一个团结的集体，这是一个敢于奋斗的集体，这是一个充满自信和朝气的集体。今天，他们奋发学习；明天，他们将是祖国的栋梁。和着金秋的喜气，这个团结互助、勤奋活泼的集体将会如旭日般冉冉升起，如鲜花般慢慢绽放！

不坠凌云志，健儿当自强。伴随着雄壮的运动员进行曲，迎来了由机械一体化专业同学们组成的代表队。看，他们带着庄严的神情，为迎接明

> 标题：解说对象+文种
>
> 前言：对校运会作整体解说
>
> 主体：对国旗方阵队、管乐方阵队、彩旗方阵队、化工专业方阵队、机械一体化方阵队、电气专业方阵队作解说

日的挑战而意志如钢；那矫健的步伐，显示出勇于战胜自我的力量；他们昂首阔步、奔向前方，只为不负肩上扛起的责任与希望。努力吧，为了心中那永恒的理想；加油啊，我们期待着明天，让胜利的豪情在眉间飞扬。

现在朝主席台缓缓走来的是电气专业代表队。他们精神饱满，气宇轩昂，迈着整齐划一、铿锵有力的步伐走过来了。相信自己，完善自己，超越自己是他们坚定的信念。运动会上，电气专业代表队的健儿们，向着"更快，更高，更强"的目标迈进。赛出水平，赛出风格，向前冲。让我们共同祝愿他们在运动会中取得优异的成绩！ ← 结尾：表示祝愿

最后，预祝大会取得圆满成功！

例文 5-5

西周骊山烽火台导游词 ← 标题：解说对象+文种

烽火台故址在临潼骊山西岭最高峰，海拔1280米，是古代用以发布信号调动军队的设施。周幽王戏诸侯的故事就发生在这里。 ← 前言：介绍烽火台的高度、功用

西周时，周幽王宠爱妃子褒姒，但却难博得褒姒笑颜。周幽王为了赢得褒姒一笑，听了佞臣虢石父的奸计，点燃烽火，擂起战鼓。顿时鼓角相闻，狼烟滚滚。诸侯们以为敌寇来到，于是披戴盔甲，急匆匆奔骊山来解救周幽王。诸侯们到了骊山，不见敌兵，却看到行宫之上歌声袅袅，丝竹声不绝于耳，舞姿绰约，香烟缭绕，方知受了戏弄，遂忿忿离去。褒姒见到这番情景莞尔一笑，幽王大悦。 ← 主体：讲述故事发生的经过

到了周幽王十一年（公元前771年），申后联合西狄犬戎伐周，周幽王急令点燃烽火，但诸侯们怕再遭戏弄，无一来救。犬戎遂杀幽王于骊山脚下，虏褒姒并国库珍宝西归。历史上"一笑失天下"、"烽火戏诸侯"的典故即由此而来。

过去的烽火台已不复存在，1987年临潼县政府在烽火台遗址上重新修建了烽火台，展示了当年烽火台的原貌，引起了中外游客的极大兴趣。 ← 结尾：说明现在的烽火台是重修的

友情提示

解说词写作注意事项

（1）通俗化、口语化　解说词的接受对象很广泛，年龄、职业、文化程度都很不相同，因此要求写得通俗易懂；又因为解说词是要"说"的，所以还要尽量做到口语化。这就要求：

① 尽量用规范的语言写，一般不要用方言土语；有些特定对象的解说词，如地区性的展览会等，也可以用方言写；

② 选词造句要大众化，尽量少用冷僻的、专门的词语；要口语化，尽量不用文言文；

③ 避免使用容易引起歧义的词语和生造的词语。解说词主要是讲、念给人听的，有些音同或音近而义不同的词语，如不注意便会使听者产生误解，例如"全不"与"全部"、"治癌"与"致癌"、"死人"与"使人"等，听上去差不多，而意思大不一样，在使用这些词时就应慎重，尽可能换一个说法，如把"全部"改成"全都"、"治癌"改成"治疗癌症"，这样效果就更好一些；

④ 群众中不常用的简称，尽可能不用，如"××市第一百货商店"不要写成"市百一店"、"市人民政府"不要写成"市府"等。

(2) 及物扣题　解说词一般是配合实物或图片写的说明文字，因此，文字必须与实物一致。如介绍石林、溶洞时，就要紧扣石林、溶洞的形状、规模、特点、成因等，为了增加知识性和趣味性，也可以讲一些有关的传说和科学道理，但不要离开本题，去讲无关的其他内容。

(3) 简明扼要　解说词，一般都是对实物加以解说，所以，一般人看了实物能够理解的东西就不要多讲，而只要把观众不容易懂或可能产生疑问的地方以及需要引起观众特别注意的地方写出来就可以了。因此，文字要简明扼要，适可而止，不要唠叨个没完。

有一些解说词还要求有文采。如电影、幻灯等艺术性作品的解说词，要求像散文诗那样美，实际上属于文艺作品，这里就不多说了。

相关链接

怎样写好解说词

(1) 要抓住被介绍对象的主要特征　注意运用典型及对比的手法，给人以实感。突出典型，运用对比，点面结合，由表及里地揭示事物的本质特征，在解说词中运用很广。

(2) 要眉目清楚，深入浅出　解说词多是向不了解某一事物的人进行解说的，因此，必须眉目清楚。先说什么，后说什么，怎样说才便于理解，要通盘考虑。一般有由总到分、由上而下、由下而上、由远及近、由浅入深、由表及里等安排方法。在具体说明某一事物时，又可以按对象、概念、分类、比较、分析、小结等步骤进行。即首先说明要介绍的事物是什么（概念、定义、范畴、领属关系、分类状况、固有特征等），然后再说明需要怎样，应该怎样的问题。有的还要按照生产过程介绍。在纪录片的解说词中，由于"蒙太奇"处理的需要，允许随着镜头的"化出"、"化入"有所跳跃，但这种跳跃，仍然有着内在联系。

(3) 要有强烈的感情，语言要形象　解说词不仅有介绍、说明作用，还要有一定的感染力，要引起强烈的共鸣。解说词要表达强烈的感情，除了形象的语言外，还可以运用排比、对偶、反复等修辞手段，并注意语言的音韵与节奏。

任务巩固

一、简答题

解说词的语言表述特点在哪一点上与广播稿、演讲稿是相同的？

二、写作实训

1. 你的同学或亲友要来你就读的学校参观，请你为他们设计一条参观的路线，并准备一篇介绍本校情况的解说词。
2. 为学校举办的美术作品展或校史展等写一篇解说词。
3. 从合作企业或实训基地搜集相关资料，设计企业专题片的画面与解说词。

第六章 社交礼仪应用文

社交礼仪应用文是人们在互相平等、相互尊重的基础上，为了促进双方之间关系的发展，形成的一种适用于社交场合的应用文。包括请柬、欢迎词、欢送词、开幕词、闭幕词、讣告、悼词等。

本章学习社交礼仪应用文中的请柬、欢迎词、欢送词、开幕词、闭幕词。

通过本章的学习，你将能够：

＊了解请柬、欢迎词、欢送词、开幕词、闭幕词的概念、特点、类型；

＊理解请柬、欢迎词、欢送词、开幕词、闭幕词的格式和写作要求；

＊掌握请柬、欢迎词、欢送词、开幕词、闭幕词的写作方法，能撰写请柬、欢迎词、欢送词、开幕词、闭幕词。

第一节

请柬

学习任务

掌握请柬的写法和要求，拟写格式规范和内容要素齐全的请柬。

任务背景

飞翔职业学校建校三十五周年，校领导决定于 2014 年 10 月 28 日上午 9 点在本校办公楼会议室进行校庆活动并邀请校友参加。校办公室秘书黄琳受命撰写并寄发请柬。

任务分析

一、请柬的概念

请柬是邀请他人参加某种会议、宴席、聚会活动的书面邀请书。请柬通常也称作请帖。

二、请柬的类型

（1）按性质分，有公务请柬、私务请柬。
（2）按用途分，有会议请柬、活动请柬。
（3）按书写方式分，有横排式请柬、竖排式请柬。
（4）按活动内容分，有会议请柬、联欢晚会请柬、生日派对请柬、宴会请柬、婚礼请柬、寿诞请柬、开业请柬、乔迁请柬等。

三、请柬的作用

请柬具有庄重通知、盛情邀请的作用，有时也做入场或报到的凭证。

四、请柬的结构与写法

请柬主要回答：向谁邀请、为什么邀请、什么事项、希望被邀请者接受邀请、谁邀请、邀请日期等。

请柬一般由标题、称呼、正文、结尾、落款五部分组成。

1. 标题

只写文种名称即可。

2. 称呼

顶格写出被邀请者（单位或个人）的名称或姓名。如"某某先生"、"某某单位"等。称呼后加上冒号。

3. 正文

写清活动内容，如开座谈会、联欢晚会、生日派对、国庆宴会、婚礼、寿诞等。写明时间、地点、方式。如果是请人看戏或其他表演还应将入场券附上。若有其他要求也需注明，如"请准备发言"、"请准备节目"等。

4. 结尾

写上礼节性问候语或恭候语，如"致以敬礼"、"顺致崇高的敬意"、"恭候莅临"、"敬请光临"、"望届时出席"等。

5. 落款

写上邀请的单位名称或个人姓名、写请柬日期。

例文引路

例文 6-1

横式对折型请柬封面如下。

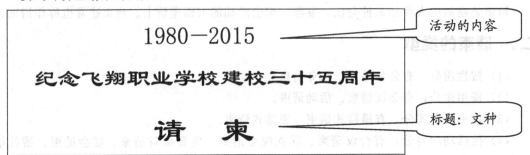

横式对折型请柬内芯如下。

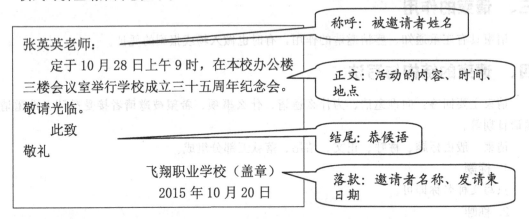

例文 6-2

横式单面请柬如下。

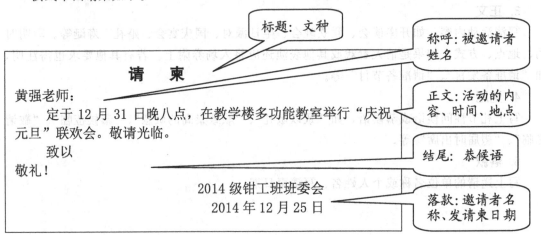

友情提示

制作请柬的注意事项

（1）请柬的样式要设计得美观、大方、精致、庄重。请柬不能用通常的书写纸或单位的信函纸，多用红色或彩色纸印写，并加上花边、图案等装饰，以示喜庆和对被邀请者的尊敬。

（2）语言要达雅兼备。达就是通顺、明白，不至于让被邀请者产生歧义；雅就是讲究文字美，根据具体场合、内容，采用得体客气的措词。做到优美、典雅、热情、庄重，使被邀请者感到愉快和温暖，切忌使用乏味及浮华的语言。

（3）请柬的文字很少，语言表达务必严谨、准确。一是要写清被邀请者的姓名、身份、邀请的事由、应注意的事项等内容，不要赘述活动的意义；二是特别要注意校对时间、地点和人物等项内容，做到清晰明了准确，不出差错，否则就会造成对邀请者的不尊重。

（4）不是任何一种活动或会议都适宜发请柬。平常的小聚会或活动性质极其严肃、郑重而对方也不是作为客人参加的，就不必要或不应该发请柬。是否发请柬，要视场合、对象、活动性质等酌情而定。

任务巩固

一、写作实训

根据以下内容拟写请柬的正文。

1. 飞翔职业学校××班为迎接2015年的到来，将于2014年12月30日晚上在本校俱乐部举行元旦文艺晚会，邀请任课老师黄英参加晚会。

正文：_____

2. 飞翔职业学校将于2015年10月28日上午9时在本校办公楼三楼会议室举行庆祝建校35周年大会，邀请曾在学校工作过的李晓华老师参加。

正文：_____

二、简答题

写出下列请柬的标题、称呼、时间、地点、祝颂语、落款等。

请　柬

王胜明总经理：

　　兹订于2014年5月4日，在华侨大厦召开××名酒展销会，并于中午12时18分在华侨大酒家举行开幕典礼，敬备酒宴恭候。

　　请届时光临。

××电器有限公司敬约
2014年5月1日

标题		
称呼		
正文	内容	
	时间	
	地点	
敬语		
落款	署名	
	日期	

第二节

欢迎词 欢送词

学习任务

掌握欢迎词、欢送词的写法和要求，拟写格式规范和内容要素齐全的欢迎词、欢送词。

任务背景

飞翔职业学校将于 2014 年 10 月 28 日，在本校办公楼三楼会议室进行建校 35 周年的庆典活动，校长在庆典大会上致欢迎词。晚上宴请参加庆典活动的嘉宾，学校党委书记致欢送词。校办公室秘书黄琳受命撰写欢迎词和欢送词。

任务分析

一、欢迎词

（一）欢迎词的概念

欢迎词是由东道主出面对宾客的到来表示欢迎的讲话文稿。

（二）欢迎词的特点

（1）欢愉性　中国有句古话是"有朋自远方来，不亦乐乎"，所以致欢迎词当有一种愉快的心情，言词用语务必富有激情和表现出致词人的真诚。只有这样才可给客人一种"宾至如归"的感觉，为下一步各种活动的完满举行打下良好的基础。

（2）口语性　欢迎词本是现场当面向宾客口头表达的，所以口语化是欢迎词文字上的必然要求,在遣词用句上要运用生活化的语言,既简洁又富有生活的情趣。口语化会拉近主人同来宾的亲切关系。

(三) 欢迎词的类型

欢迎词按不同的标准可以分为不同的类型。

1. 从表达方式上分

有现场讲演欢迎词、报刊发表欢迎词。

(1) 现场讲演欢迎词　指由欢迎人在被欢迎人到达时在欢迎现场口头发表的欢迎稿。

(2) 报刊发表欢迎词　指发表在报刊或公开发行刊物之上的欢迎稿。它一般在客人到达前后发表。

2. 从社交的公关性质上分

有私人交往欢迎词和公事往来欢迎词。

(1) 私人交往欢迎词　指在个人举行较大型的宴会、聚会、茶会、舞会、讨论会等非官方的场合下使用的欢迎稿。通常要在正式活动开始前进行。私人交往欢迎词往往具有很大的即时性、现场性。

(2) 公事往来欢迎词　指在较庄重的公共事务中使用的欢迎词。要有事先准备好的得体的书面稿,文字措词上的要求较私人交往欢迎词要正式和严格。

(四) 欢迎词的结构与写法

欢迎词主要回答的问题为:向谁致词、为什么致词、致以什么事项、对来宾的希望、谁致词、致词日期等。

欢迎词一般由标题、署名、称呼、正文、日期五部分组成。

1. 标题

(1) 致词者＋致词场合＋文种,如《××在××公司十周年庆典活动上的欢迎词》。

(2) 致词场合＋文种,如《在××学校十周年校庆活动上的欢迎词》。

(3) 活动内容＋文种,如《在××学术讨论会上的欢迎词》。

(4) 单独以文种命名,即《欢迎词》。

2. 署名

致词者姓名。

3. 称呼

提行顶格加冒号称呼对象。面对宾客,宜用亲切的尊称,如"亲爱的朋友:"、"尊敬的领导:"等。

4. 正文

欢迎词的正文由开头、主体和结尾三部分构成。

(1) 开头　用一句话表示欢迎的意思。通常应说明现场举行的是何种仪式,发言者代表什么人向哪些来宾表示欢迎。可叙述彼此的交往、情谊,说明交往的意义。对初次来访者,可多介绍本组织的情况。

(2) 主体　欢迎词在这一部分一般要阐述和回顾宾主双方在共同的领域所持的共同的立场、观点、目标、原则等内容,较具体地介绍来宾在各方面的成就及在某些方面做出的突出贡献,同时要指出来宾本次到访或光临对增加宾主友谊及合作交流所具有的现实意义和历史意义。

（3）结尾　通常在结尾处再次向来宾表示欢迎，并表达自己对今后合作的良好祝愿。

5. 日期

致词日期。

例文引路

例文 6-3

欢迎词

飞翔职业学校校长　张大忠

（2014年10月28日）

女士们、先生们、朋友们：

　　大家好！值此我校建校35周年之际，请允许我代表飞翔职业学校，并以我个人的名义，向远道而来的朋友们表示热烈的欢迎！

　　朋友们不顾路途遥远，专程前来贺喜并洽谈合作事宜，为我校35周年校庆增添了一份热烈与祥和。我由衷地感到高兴，并对朋友们为增进双方友好关系所作的努力表示诚挚的谢意！

　　今天在座的各位朋友中，有许多是我们的老朋友，我们之间有着良好的合作关系。我校建校35年能取得今天的成绩，离不开老朋友们的真诚合作和大力支持。对此，我们表示由衷的钦佩和感谢。同时，我们也为能有幸结识来自各地的新朋友感到十分高兴。在此，我谨再次向新朋友们表示热烈欢迎，并希望能与大家密切协作，发展相互间的友好合作关系。

　　"有朋自远方来，不亦乐乎"。在此新朋老友相会之际，我提议：为今后我们之间的进一步合作，为我们之间日益增进的友谊，为朋友们的健康幸福，干杯！

标注：
- 标题：文种
- 署名：致词者姓名
- 日期：致词日期
- 称呼：欢迎对象
- 正文开头：对宾客的光临表示热烈欢迎
- 正文主体：对大家的到来表示谢意，并回顾与老朋友们相互交往的历程，阐明新朋友们来访的意义及合作前景
- 正文结尾：表示良好的祝愿

友情提示

欢迎词写作注意事项

　　欢迎词是出于礼仪的需要而使用的，因此要十分注意礼貌。具体而言，要注意以下几点。

(1) 称呼要用尊称，感情要真挚，要能较得体地表达自己的原则、立场。

(2) 措辞要慎重，勿信口开河，同时要注意尊重对方的风俗习惯，应避开对方的忌讳，以免发生误会。

(3) 语言要精确、热情、友好、温和、礼貌。

(4) 篇幅短小，言简意赅。一般的欢迎词都是一种礼节性的外交或公关辞令，宜短小精悍，不必长篇大论。

相关链接

欢迎词的写作要求

(1) 看对象说话　欢迎词多用于对外交往。在各社会组织的对外交往中，所迎接的宾客可能是多方面的，如上级领导、检查团、考察团等。来访目的不同，欢迎的情由也应不同。欢迎词要有针对性，看对象说话，表达不同的情谊。

(2) 看场合说话　欢迎的场合、仪式也是多种多样的，有隆重的欢迎大会、酒会、宴会、记者招待会；有一般的座谈会、展销会、订货会等。欢迎词要看场合说话。该严肃则严肃，该轻松则轻松。

(3) 热情而不失分寸　欢迎应出于真心实意，热情、谦逊、有礼。语言亲切，饱含真情。注意分寸，不亢不卑。

(4) 关于称呼　由于是用于对外（本组织以外的宾客）交往，欢迎词的称呼比开幕词、闭幕词更具有感情色彩，更需热情有礼。为表示尊重，要称呼全名。在姓名前或后面加上职衔或"先生"、"女士"、"亲爱的"、"尊敬的"、"敬爱的"等敬语表示亲切。

任务分析

二、欢送词

（一）欢送词的概念

欢送词是在送别宾客的仪式上，主人对宾客的离去表示热情欢送的讲话文稿。

（二）欢送词的特点

(1) 惜别性　有句古诗说得好"相见时难别亦难"，中国人重情谊这一千古不变的民族传统精神在今天更显得金贵。欢送词要表达亲朋远行时的感受，所以依依惜别之情要溢于言表。当然格调也不可过于低沉。尤其是公共事务的交往更应把握好分别时所用言辞的分寸。

(2) 口语性　同欢迎词一样，口语性也是欢送词的一个显著特点。遣词造句也应注意使用生活化的语言，使送别既富有情趣又自然得体。

（三）欢送词的类型

(1) 从表达方式上分有现场讲演欢送词和报刊发表欢送词。

（2）从社交的公关性质上分有私人交往欢送词和公事往来欢送词。

（四）欢送词的结构与写法

欢送词主要回答的问题为：向谁致词、为什么致词、致以什么事项、对来宾的希望、谁致词、致词日期等。

欢送词一般由标题、署名、称呼、正文、日期五部分组成。

1. 标题

（1）致词者＋致词场合＋文种，如《×××在××公司十周年庆典活动上的欢送词》。

（2）致词场合＋文种，如《在××学校十周年校庆活动上的欢送词》。

（3）活动内容＋文种，如《在××学术讨论会上的欢送词》。

（4）单独以文种命名，即《欢送词》。

2. 署名

致词者姓名。

3. 称呼

称呼要求写在开头顶格处。要写出宾客的姓名称呼。如"尊敬的各位先生们、女士们："、"亲爱的×××学校各位同仁："。

4. 正文

正文要针对致词的对象，将自己想表达的情感写出来。一般包括以下三个内容。

（1）表达亲切、留恋之情和真挚、热情的欢送之意。

（2）回顾被送者的成绩、贡献及特别值得记忆的友谊。若为朋友送行，还要加上一些勉励的话。

（3）通常在结尾处再次向被送者表示真挚的欢送之情，向被送者表示良好的祝愿、希望、勉励或表达期待再次合作的心愿。亲朋远行尤其要表达希望早日团聚的惜别之情。

5. 日期

致词日期。

例文引路

例文 6-4

欢 送 词（标题：文种）

李 华（署名：致词者姓名）

尊敬的女士们、先生们：（称呼：欢送对象）

　　首先，我代表公司，对你们访问的圆满成功表示热烈的祝贺。

　　两天来，我们本着平等互利的原则，经过认真协商，签订了《长期战略协议》，为双方今后的合作和发展打下了良好的基础。明天，你们就要离开公司了，大家相处的时间是短暂的，但我们之间的友好情谊是长久的。我们之间的合作才刚刚开始，中国有句古语："来日方长，后会有期。"希望我们加强合作，不断往来，欢迎各位女士、先生在方便的时候再次来我们公司作客，相信我们的友好合作会结出丰硕的果实！

祝大家一路顺风，万事如意！

2015年1月10日

> 正文：先表示祝贺之意，再介绍来访取得的主要成果，说明分别时的心情，表达良好的祝愿，最后再表心愿

> 日期：致词日期

友情提示

欢送词写作注意事项

（1）称呼用尊称，注意宾客身份，致辞要恰到好处，感情要真挚、诚恳而且要健康。

（2）措辞要慎重，勿信口开河，要尊重对方的风俗习惯，以免发生不该发生的误会。

（3）语言要精确、热情、友好、温和、礼貌。

（4）要言简意赅，篇幅不宜过长。欢送词也是一种礼节性的社交公关辞令，要短小精悍，这样更宜于表达主人的尊重和礼貌。

相关链接

欢送词写作要求

一定要注意了解来宾来访期间的活动情况，访问所取得的进展（如交换意见，达成共识，签署了什么样的联合公报、发表了什么样的联合声明，有哪些科技、贸易、文化及其他方面的合作）等。得悉了这些情况，欢送词就会写得内容丰富而准确。

任务巩固

一、写作实训

1. 某部队官兵来你校当教官，与你们朝夕相处，结下了深厚的友谊。现在军训结束了，他们将返回部队。请你代表全班同学拟写一份欢送词。

2. 这是一篇献给即将退休的薛老师的欢送词。现在文章还未写完，缺个结尾，请大家续写，并说明这样续写的理由。

同学们：

我们心目中最神圣的职业是哪一个？是老师！我们记忆中拥有最美好形象的是谁？是老

师！是薛老师，是所有拉着我们的手，带我们走上知识和生活之路的老师。

我们每个人都有过这样的往事：吃饭只想吃鱼吃肉，不肯吃蔬菜的时候，爸爸妈妈说一声"告诉老师"，我们就会把青菜萝卜大口大口往肚里咽；当做了一件好事，受到老师表扬的时候，我们会高兴地跳起来，就像得到了一件渴望已久的奖品。我还记得有一次，因为我考试成绩不好，我们的薛老师，还轻轻扯过我的耳朵，当时不大高兴，现在想起来却很有趣儿。这轻轻的一扯，使我体会到了老师对我的爱！老师，您是慈母般的老师，严父般的老师！

人们爱把老师比作园丁，我说，您比园丁更辛劳，因为您的汗水是心血和脑汁化成的；人们爱把老师比作绿叶，我说，您像绿叶一样的平凡，却比绿叶伟大，由于您的光合作用，才有硕果累累的科学春天，才有鸟语花香的文艺园圃。

哪一个声名显赫的科学家没坐过小学的板凳？哪一个四海扬名的文坛巨匠没受过启蒙老师的指点？不从一加一学起，凭什么摘下数学皇冠上的明珠？没有一笔一画的训练，靠什么写出千古不朽的名篇？

第三节

开幕词 闭幕词

学习任务

掌握开幕词、闭幕词的写法和要求，拟写格式规范和内容要素齐全的开幕词、闭幕词。

任务背景

飞翔职业学校文秘班的李小萌在本校团委实习时，恰逢学校举办第十届文化艺术节，在开幕式上，学校党委书记要致开幕词。团委书记要求李小萌拟写开幕词。

在全校师生的共同努力下，第十届文化艺术节圆满结束，在闭幕式上，学校校长致闭幕词。团委书记对李小萌说："你写的开幕词很不错，闭幕词也由你负责拟写。"

任务分析

一、开幕词

（一）开幕词的概念

开幕词是党政机关、企事业单位和群众团体的领导人在隆重大会举行时所作的带有提示性、方向性和指导性的致词。

（二）开幕词的特点

（1）宣告性　开幕词是会议开始的序曲、标志，之后，会议的各项议程才能陆续展开。在开幕词中郑重宣告会议正式开幕，给会议营造一种隆重气氛。如果这是具有重要历史意义的会议，那么其历史意义就是从这一宣告开始产生的。

（2）提示性　开幕词通常要明确交代会议的议程，扼要说明会议的开法、原则，交代会议的主要精神，起到点题的作用。这样的提法使与会议人员明确会议主题，做到心中有数，便于积极主动地参与讨论。

（3）指导性　开幕词通常要阐明会议宗旨，提出会议任务，说明会议目的及指导思想和重要意义，要求把整个会议的基本精神概括出来，这对开好会议定将起到重要的指导作用。

（三）开幕词的类型

开幕词按不同的标准可以划分为不同的类型。

（1）按内容分，有侧重性开幕词、一般性开幕词。

（2）按表达形式分，有口头致词、书面致词。

（四）开幕词的结构与写法

开幕词主要回答：向谁致词、为什么致词、报告什么事项、对听众的希望、谁致词、致词日期等。

开幕词由标题、署名、日期、称呼、正文五部分组成。

1. 标题

标题有四种形式。

① 只写文种，即只写《开幕词》。

② 事由＋文种，如《中国共产党第十二次全国人民代表大会开幕词》。

③ 致词人＋事由＋文种构成，如《×××同志在××××会上的开幕词》。

④ 双行式标题，主标题揭示会议的宗旨、中心内容，副标题与前两种标题的构成形式相同，如《我们的文学应该站在世界的前列——中国作家协会第四次会员代表大会开幕词》。

2. 署名

在标题下居中或正文右下方写致词者姓名，可以在姓名前标注讲话者职务或职称。

3. 日期

标题之下居中，用括号注明会议开幕的年、月、日。也可写在正文右下方。

4. 称呼

对听众的称谓。一般根据会议的性质及与会者的身份确定称呼，如"同志们"、"各位代表、各位来宾"、"运动员同志们"等。

5. 正文

正文包括开头、主体和结尾三部分。

（1）开头一般开门见山地宣布会议开幕。也可以对会议的规模及与会者的身份等作简要介绍，如"参加这次大会的代表有×××人，其中有来自……"，并对会议的召开及与会人员表示祝贺。需要说明的是，开头部分即使只有一句话，也要单独列为一个自然段，将其与主体部分分开。

（2）主体是开幕词的核心部分。通常包括三项内容。

① 阐明会议的意义，通过对以往工作情况的概括总结和对当前形势的分析，说明会议

是在什么形势下，为了解决什么问题和达到什么目的召开的。

② 阐明会议的指导思想，提出大会任务，说明会议主要议程和安排。

③ 为保证会议顺利举行，向与会者提出会议的要求。

（3）结尾提出会议任务、要求和希望。写法上常以呼告语领起一段，用"预祝大会圆满成功"结束全文。

例文引路

例文 6-5

××有限公司年会开幕词

杨 燕

（2015年1月5日）

标题：事由+文种

署名：致词者姓名

日期：会议开幕的年月日

尊敬的各位领导、亲爱的员工朋友们：

称呼：对听众的称谓

大家新年快乐！今晚我们将在这里举行一次别开生面的盛大宴会，我谨代表本公司向来参加这次年会的领导、嘉宾们表示亲切的问候！感谢所有到场的领导和嘉宾，欢迎大家！

美好辉煌的2014年已经过去，充满希望和挑战的2015年已到来。在新的一年里，我们有新的挑战，还有更多坎需要我们跨过，还有更多美好的东西等着我们去争取。我们需要付出更多，付出总有收获，在过去的一年里，我们齐心协力，共同奋斗，辛勤工作换来丰硕的收获。

正文：对会议的召开及对与会人员表示祝贺，提出会议任务、要求和希望

展望未来的一年，我们将锐意进取，满怀憧憬，用我们的智慧和才能去开创美好的未来，喜庆昨日的辉煌业绩，让我们共勉未来美好希望。今晚非常开心能与这么多的同伴一起共度这个华丽炫美的年会，在这里，我代表本公司全体员工，祝各位身体健康，万事如意！现在我宣布××有限公司2014~2015年年会正式开幕！

友情提示

克服写开幕词常犯的毛病

写开幕词常犯的毛病是书面化有余，口语化不足，尤其是秘书或专门班子代劳的开幕词，八股味太浓，读起来不太上口，有的句子冗长，有的书面语言生硬，加之领导事情太

多，顾不上修改或者不甚熟悉，念起来别别扭扭，起不到这类文体鼓动和振奋人心的作用。克服此类缺点的办法是，写完之后，最好要亲自读上几遍，把书面语言换成口头语言，句子也要删繁就简，使文字有一股生动活泼的朝气。

相关链接

开幕词写作要求

（1）掌握会议或活动的精神，了解会议或活动的全面情况，明确会议或活动要达到的预期目的，这是写好开幕词的前提。

（2）要主旨集中，突出会议或活动的中心内容，把握会议或活动的主要特点，只对会议或活动的主题和有关重要问题作必要的说明，不可面面俱到，眉毛胡子一把抓。

（3）态度要热情洋溢，富有号召性和鼓动性。

（4）文字要简练，条理要清晰，篇幅不宜过长。

任务分析

二、闭幕词

（一）闭幕词的概念

闭幕词是党政机关、社会团体、企事业单位的领导人在会议闭幕时所作的总结性讲话。

（二）闭幕词的特点

（1）会议内容的总结性　致闭幕词是会议的最后一项重要议程，大会主席或重要领导人代表会议组织者对会议作一简要的回顾，并且予以恰当的评价。这种简要的回顾和评价，就使闭幕词带有会议总结报告的某些性质，因而具有总结性的特点。

（2）会议精神的概括性　会议精神是会议的精髓，会议精神的概括，就是对会议精髓的提炼。这对于顺利完成会议提出的工作任务，达到预期目标，有十分重要的意义和作用。闭幕词要突出强调会议精神，就必然带有高度的概括性。

（3）努力工作的号召性　闭幕词要提出传达贯彻会议精神、努力完成会议提出的工作任务的原则要求，要鼓舞士气，增强信心，行文中就要充满感情，语言上就要坚定有力，这就使闭幕词具有一定的鼓动性和号召性。这既是闭幕词的内容要素，又是闭幕词的写作特点。闭幕词的适用范围与开幕词相同，一般地说，会议议程中设有致开幕词的，也都设致闭幕词。

（三）闭幕词的类型

（1）按内容可以分为侧重性闭幕词和一般性闭幕词两种。

（2）按表达形式可以分为口头致词和书面致词。

（四）闭幕词的结构与写法

闭幕词主要回答：向谁致词、为什么致词、报告什么事项、对听众的希望、谁致词、致词日期等。

闭幕词由标题、署名、日期、称呼、正文五部分组成。

1. 标题
标题与开幕词的标题构成形式基本一样。

2. 署名
即致闭幕词的领导人的姓名。

3. 日期
标题之下居中，用括号注明会议闭幕的年、月、日。也可写在正文右下方。

4. 称呼
对听众的称谓。根据会议性质及与会者的身份来确定称谓，如"同志们"、"各位代表"等。

5. 正文
正文包括开头、主体和结尾三部分。

（1）开头　简要说明大会经过，是否圆满完成了预定的任务。

（2）主体　对大会进行概括总结。恰当地评价会议的收获、意义及影响。核心部分要写明：会议通过的主要事项和基本精神；会议的重要性和深远意义；向与会人员提出贯彻会议精神的基本要求等。

（3）结尾　对保证大会顺利进行的有关单位及服务人员表示感谢。结束语宣布会议结束，通常只有一句话："现在，我宣布××××大会闭幕。"

例文引路

例文 6-6

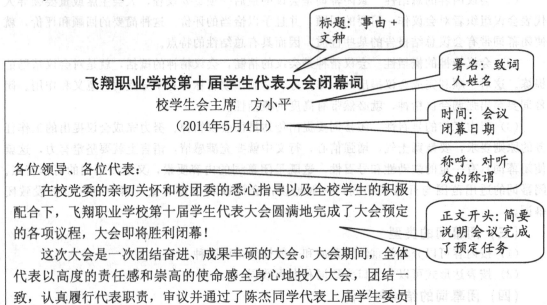

会所作的工作报告，选举产生了飞翔职业学校第十届学生委员会，代表着全校广大同学的利益和意志。各位代表就过去五年的工作成绩、当代青年学生担负的使命和责任、今后学生会的工作格局以及自身建设，达成了广泛的共识，取得了丰硕的成果。这一切都体现了全校师生和学校相关部门的大力支持和无私帮助，记录了全体代表的热情参与和积极努力，凝结着全体工作人员的辛勤劳动和真诚奉献。在此，我代表大会向相关部门、全体代表和工作人员表示衷心的感谢！ ← 正文主体：对会议的成果作简要评价

回首过去五年，学生会在学校各级领导以及校团委的关心和指导下，各项工作取得了新成绩，开创了新局面，创造了新经验。这些成绩和经验，凝聚着数任委员的心血和智慧，融汇了广大同学的思考和探索，是十分宝贵的财富。我们一定要坚持和发扬校学生会全心全意为同学服务的优良传统，团结一心、尽职尽责地做好工作，努力创造新的业绩，推动学生工作不断向前发展。 ← 正文主体：对上届工作给予肯定

各位代表，我们正处在一个百舸争流，英才辈出的伟大时代，面对新世纪的挑战，让我们携起手来，高举中国特色社会主义伟大旗帜，牢固落实科学发展观，团结带领广大师生，与时俱进，勤奋学习、努力工作、开拓进取、勇担历史重任，为加快实现本次学代会确定的奋斗目标和飞翔职业学校更好的发展奉献青春、智慧和力量。 ← 正文主体：向与会者提出要求和希望

让我们以热烈的掌声再次感谢各位领导、老师和来宾的光临！现在我宣布飞翔职业学校第十届学生代表大会胜利闭幕！ ← 结束语

友情提示

撰写闭幕词注意事项

（1）注意开幕词与闭幕词的区别。开幕词是大会序曲：重在阐明大会的任务，为会议打基础，定基调，产生指导、定向和"提神"作用。闭幕词是会议的尾声：着重对会议的主要成果给予评价、总结大会的成绩和经验，强调大会精神对今后工作的指导作用。

（2）闭幕词出现在会议终了，因此，要写得与开幕词前后呼应、首尾衔接，显示大会开得很圆满、很成功。

（3）闭幕词要求言简意赅，与会议的基调保持一致，富于感染力，能鼓舞人心。

相关链接

闭幕词写作要求与技巧

（1）要了解会议的背景、任务和议程　从某种意义上讲，闭幕词就是对会议进行高度凝练的回顾，只有充分了解了会议相关的翔实内容，才能站得高、聚得拢、把得准，使致词高屋建瓴、画龙点睛。

（2）语言要凝练、流畅　切忌把闭幕词写成会议总结。概述要抓住要领，语言要简洁流畅，郎郎上口。

（3）要充满感情色彩　在实际运用中，闭幕词有时也含有欢送词的要义，因此，要注意语言的感情色彩，让与会者充分感受到热情、真诚的氛围。

任务巩固

一、写作实训

你所在的学校将召开团员代表大会，请你写一份闭幕词。

二、分析题

请搜集你认为高水平的闭幕词一篇，仔细分析其结构与写法。

第七章 财经应用文

财经应用文是国家机关、企事业单位、社会团体根据党和国家在一定时期内的经济政策、法律、法令,以经济现象、经济工作为反映对象,记录、加工和传播有关经济工作信息,为解决有关经济工作实际问题而撰写的具有一定体式的文书。包括商业广告、产品说明书、经济合同、招标书、投标书、市场预测报告等。

本章学习财经应用文中的商业广告、产品说明书、经济合同、招标书、投标书。

通过本章的学习,你将能够:

* 了解商业广告、产品说明书、经济合同、招标书、投标书的概念、特点、类型;

* 理解商业广告、产品说明书、经济合同、招标书、投标书的格式和写作要求;

* 掌握商业广告、产品说明书、经济合同、招标书、投标书的写作方法,能撰写商业广告、产品说明书、经济合同、招标书、投标书。

第一节 商业广告

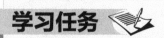

掌握商业广告的写法和要求,拟写格式规范和内容要素齐全的商业广告。

飞翔职业学校计算机广告班的李明华到某策划公司实习,恰好公司为某茶厂香香牌茉莉

花茶叶制作广告。设计部主任对李明华说:"我们公司没有论资排辈的职场限制,用你年轻人的激情,打开你创造性的思维,设计出创意新颖、能够给人留下深刻印象的广告吧。"

李明华听后,决心用他年轻人的优势,用创意开始他的广告生涯。

任务分析

一、商业广告的概念

商业广告是为了促进商品销售和商业服务,有计划地通过各种媒体向公众宣传相关商品、劳务等信息时,所使用的一类经济应用文。

二、商业广告的特点

(1) 真实性　真实可信是广告撰写的基本原则,也是广告能够取信于人的重要保证。任何商业广告的内容都必须真实、健康,必须遵守《中华人民共和国广告法》,不得弄虚作假,不得欺诈消费者。

(2) 诱导性　商业广告是为了推销商品和劳务,获得利益。它往往针对消费者的知识、经验、心理活动,运用各种形式,多角度宣传商品的功用、服务的内容、企业的形象,启发诱导公众的购买欲望或对该企业的好感。

(3) 艺术性　优秀的广告是思想性、知识性、艺术性的统一体。它巧妙地调动和运用各种艺术手段,不但生动形象地表达广告内容,而且给公众以知识和美感。

三、商业广告的类型

商业广告的种类很多,按不同的标准可以划分为不同的类型。

按商业广告的内容分,有商品广告、企业形象广告、服务和劳务广告。

(1) 商品广告　这是商品广告中最主要、数量最多、分布最广的一种广告。主要介绍商品性能特点,宣传商品形象,直接推销商品。

(2) 企业形象广告　企业形象广告的对象是企业,它是针对整个企业进行宣传,侧重于宣传企业的性质、特点和优势,以此提高企业在公众中的知名度和美誉度,达到间接推销其产品,提高企业经济效益之目的。

(3) 服务和劳务广告　这里的服务既指商品销售的服务,也指专门经营服务业的企业服务。

四、商业广告的作用

(1) 传播信息,沟通产销　商业广告是生产者、经营者、消费者之间的信息沟通工具。通过它将商品信息传递到消费领域,让消费者了解商品概况,采取购买行动,形成生产、流通、消费相互促进,良性发展。

(2) 指导消费,推动生产　商业广告向消费者介绍优质产品,为消费者选择适合自己的商品和服务提供指南,具有指导消费者行动的导购作用。消费者接受商品、消费商品,又推动商品的生产与经营。

(3) 促进竞争，活跃经济　为了在消费者心中树立良好的商品形象和企业形象，企业要不断提高商品质量，不断增强企业实力，从而促进竞争，活跃经济。

五、商业广告的结构与写法

本节所阐述的商业广告是以文字表述为主的广告文。商业广告文案的写法虽灵活多样，但通常包括标题、正文和结尾三部分。

1. 标题

标题是广告主题或基本内容的集中表现，是广告的灵魂。商业广告的标题要求简明扼要、生动新颖、富有情趣、引人注目。商业广告的标题从形式上可分为以下三种。

(1) 直接标题　标题直接体现广告的主要内容，或一语点明广告的主旨。如"张裕葡萄酒"，"三联家电保修终生"。

(2) 间接标题　标题不直接出现企业名、商品名，而是采用委婉暗示手法，间接表明商品的特点，吸引消费者阅读广告正文，产生购买兴趣。如"有目共赏"（某眼镜广告），"不只是吸引"（浪莎袜业），"一夫当关"（某牌锁广告）。

(3) 复合标题　直接标题和间接标题的综合运用，适用于内容多而且复杂的广告。它通常以双行或多行标题的形式表现出来。如"标题：改变对世界的看法，就在这一线之间　副标题：逐行扫描，让线条表现力进入新境界！长虹'精显'系列上市"。

2. 正文

正文是广告的核心，是广告主题的具体体现。它主要用来介绍商品的品种、特点、性能、用途、规格、效果、信誉，或介绍企业的概况、成就，或介绍服务宗旨、服务范围等。

商业广告正文的写法常见的有以下几种。

(1) 陈述体　用朴实平直的语言，直截了当地介绍和说明商品、企业和劳务信息。

(2) 问答体　通过相互问答来推介商品、企业或服务。这种体式解说明白，生动活泼，给人以亲切感，具有较强的针对性和说服力。

(3) 证书体　用国家批准的评比机构的鉴定、评奖情况、荣誉证书和光荣称号等来证明产品、劳务真实优质可靠。广告用语虽简单，但具有说服力。

(4) 描写体　用生动的语言对广告主体作描写和渲染，激发消费者兴趣。

(5) 文艺体　采用诗歌、散文、小故事、相声等文艺形式传播商品或劳务信息，给消费者留下深刻印象，从而达到促销目的。

(6) 议论体　以议论为主要表达方式，用充分的理由和雄辩的事实说服消费者，促使其产生信任感或购买欲。

3. 结尾

商业广告的结尾主要是表达广告者的销售愿意和对消费者作出服务性说明，一般包括随文和广告口号。

商业广告随文是广告尾部的必要说明，又叫落款，交代企业名称、地址、电话、账号、联系人、联系方式和网址。

广告口号又叫广告标语，是在一定时期内反复使用的特定的宣传语句。一般独立于正文之外，作为广告相对独立的一部分。它突出重点，高度概括，语言凝练，构思巧妙，具有很强的号召力和感染力。盼盼安全门的广告标语为："盼盼到家，安居乐业！""脑白金"的广告标语为:"今年过节不收礼,收礼只收脑白金。"周大生珠宝的广告标语为:"情系终生,我心永恒。"

例文引路

例文 7-1

盛世红荷　相约万豪
大家的万豪　滕州的自豪

　　万豪国际度假酒店是滕州首家按四星标准打造的大型综合新概念休闲度假型酒店,集餐饮、客房、SPA水疗、娱乐、商务休闲等多功能为一体,高起点定位、高标准创建,是追求健康、钟情美丽的成功人士首选的休闲度假圣地。

　　酒店拥有风靡国际的热带雨林温泉水疗中心、特聘名师主理的新派海鲜餐厅、特色水疗客房、多功能KTV包房、时尚演艺酒吧等十余种消费项目,功能齐全,配套设施完善。管理团队坚持以顾客为中心,以市场为导向,全力打造国内度假酒店品牌。

　　请您相信,我们每一分钟的努力,都是为了您的到来!

　　地址:山东滕州××××××××
　　总台:×××××××　　　　订餐:×××××××

标题:复合标题

正文:陈述体,介绍服务宗旨、服务范围

落款:企业名称、地址、电话

友情提示

商业广告的写作要求

　　(1) 实事求是,讲求信誉　　商业广告宣传事关消费者的切身利益,也关系到企业的信誉及广告业的声誉。因此,广告内容必须实事求是,讲求信誉,广告的撰写与制作应遵守《中华人民共和国广告法》。

　　(2) 主题突出,立意新颖　　商业广告要让消费者在短时间对宣传内容产生浓厚兴趣并留下深刻印象,产生强烈的购买欲望,因此必须主题突出,立意新颖。

　　(3) 灵活多样,语言生动　　商业广告是一门综合性的艺术,它应根据不同传播媒体、不同受众,运用生动活泼、简洁优美、富有感染力的语言,采取灵活多样的表达方式,以达到最佳表达效果。

相关链接

广告文案的概念

关于广告方案的概念，至今众说纷纭，国内外各不相同。

广告的英语为：Advertising Copy，它既指广告的语言文字，又泛指广告作品的全部，包括了广告中的文字、图片、编排等内容。随着广告表现形式的发展、变化，各种非语言文字的要素也进入了传递广告信息的行列。这样一来，原有的 Advertising Copy 中仅有语言文字的含义就不能涵盖了，故逐渐引申扩大至现代广告作品（Advertisement）的全部内容。

广告传入我国后，为了区别原有的 Advertising Copy，就把 Advertising Copy 翻译成中文的"广告文案"，专指广告作品中的语言文字。其他构成广告作品的图片、色彩、编排设计布局、字符的变化等要素，不属"广告文案"。这就是"狭义的广告文案"。

任务巩固

一、辨析题

指出以下广告标题属于哪种类型？

1. 人头马一开，好事自然来。（人头马酒广告）
2. 想在你之前。（雪铁龙汽车广告）
3. 海一样的新鲜，让你永远满足。（海尔冰箱广告）
4. 心致、行随，动静合一。（别克君威汽车广告）

二、解析题

请指出下列广告词所用的修辞手法？

1. 长城电扇，电扇长城。（电扇广告）
2. 借问酒家何处有，牧童遥指杏花村。（酒广告）
3. 只要您拥有春兰空调，春天就永远陪伴您。（空调广告）
4. 神仙饮琼浆玉液长生不老，百姓喝莲塘高粱欢乐健康。（酒广告）
5. "闲"妻良母。（洗衣机广告）
6. 一毛不拔。（牙刷广告）
7. 把"新鲜"直接拉出来。（电冰箱广告）
8. 趁早下"斑"，请勿"痘"留。（某化妆品广告）
9. 日晒后，让你的皮肤也来杯饮料吧！（润肤油广告）

三、写作实训

请在三道横线上分别填上最恰当的广告语。

1. 某出版商手头压了一批书卖不出去，情急之下便给总统送去一本，并三番五次要总统提点意见。总统无暇应付他的纠缠，便回了一句："这书不错！"于是，出版商便巧借总统名望，写下一句广告妙语："＿＿＿＿＿＿＿＿＿＿＿＿＿＿＿＿＿！"当然，这些书很快便一抢而空。

2. 第二次，出版商又将一部书送给总统，总统上过一次当，这回便贬斥："这书糟透了！"自然，书商的广告妙语又改为了"＿＿＿＿＿＿＿＿＿＿＿＿＿＿＿＿＿！"出于好奇和逆反心理，人们自然又是争相抢购。

3. 第三次，总统干脆闭口无言了，而书商的广告妙语也改成了"＿＿＿＿＿＿＿＿＿＿＿＿＿＿＿＿＿！"果然，欲购者竞相"从速"，书商横财大发。

4. 请你用所学知识为自己的学校拟一则广告。

四、分析题

分析下列广告立意的角度。

广告语：南方黑豆奶　浓浓儿女爱

小时候
仿佛每晚都看到
你疲惫的脸庞上
又刻上了一条岁月的痕迹
你转动石磨的手
已粗糙不堪
现在
我漂泊在外
儿时那石磨的转动声
混杂着黄豆破碎的声音
还不时在耳边回响
想起千里之外的你已满头银丝
我心里就涌起深深的愧疚
今年回家
我为你带来了南方黑豆奶
你的身体健康就是对儿女最大的恩赐

第二节
产品说明书

学习任务

掌握产品说明书的写法和要求，拟写格式规范和内容要素齐全的产品说明书。

任务背景

李明华撰写的香香牌茉莉花茶叶广告受到了公司领导的充分肯定，得到了公司同事们的普遍认同，茶厂也对广告非常满意。该品牌茶叶即将打入外省市场，该厂希望该策划公司为他们厂该品牌茶叶拟写产品说明书。设计部主任对李明华说："希望你继续努力，写出语言通俗晓畅，适于大众所用的说明书。"

李明华决定多看看其他产品说明书，借鉴别人成功经验，再用自己学到的知识，写一份出色的产品说明书。

任务分析

一、产品说明书的概念

说明书是运用通俗易懂的语言，说明的表达方式，客观地对商品的性质、性能、构造、用途、规格、使用方法、维护保养等知识进行客观说明和介绍的实用性文书。

二、产品说明书的特点

（1）实用性　从作者的写作目的看，是为了说明商品本身，向消费者介绍传播商品知识，指导消费。从商品说明书的读者看，主要是为正确掌握和使用被说明的对象，以便于使用。因此，商品说明书是为实用而存在的。

（2）科学性　商品说明书在内容上，它对有关的商品知识作出实事求是地说明，以取得用户对商品的信赖。在表达上，使用概念确切严谨，介绍程序条理清晰，语义表达清楚明白，使用专业术语恰当。

（3）条理性　商品说明书在写作上要求条理清楚、层次分明，既可按照商品的性能、用途、使用和保管方法等次序安排结构，也可按用户认识商品的递进次序安排结构。

（4）简明性　商品说明书是与商品包装在一起的，它是商品的附属品，离开了商品，它就无法存在。这就决定了商品说明书的篇幅比较简短，语言通俗易懂、简明扼要。

（5）形式灵活多样　商品说明书的形式灵活多样，有的除文字说明外，还配有图画、照片，图文并茂，对内容作生动又形象地示意，把物品的外观构造直接展现给读者，便于掌握说明内容。

三、产品说明书的类型

产品说明书按照不同的标准划分，可以分为不同的类型。
（1）按所要说明的事物分，有产品说明书、使用说明书、安装说明书。
（2）按表达形式分，有条款式说明书、文字图表说明书等。
（3）按形式分，有音像式说明书、图文式说明书。
（4）按写法分，有条款式说明书、叙述式说明书、复合式说明书。
（5）按传播方式分，有包装式说明书、内装式说明书等。

四、产品说明书的结构与写法

产品说明书主要回答：说明什么事项、对消费者的提示、说明者、日期等。

产品说明书一般包括标题、正文、结尾三个部分。

1. 标题

产品说明书标题有以下几种写法。

（1）商品名称加文种，如《复方甘草合剂说明书》。

（2）商品名称为题，如《脑白金》。

（3）以文种名称为题，如《说明书》、《使用说明书》等。

（4）商品名称加辅助性文字，如《×××牌洗面奶——古代中医与现代技术的结晶》。

标题应简单明白、直观，引人注目。

2. 正文

正文一般包括以下内容。

（1）概述或简介 从整体上对商品的特点作简要介绍。

（2）商品构成 详细说明商品的性能、特点、规格、成分、型号等以及配套产品的名称、规格、数量，一般用数据明确标出。

（3）使用方法、注意事项及保养事项。

（4）责任保证 说明商品的维修、退换等售后服务的具体事项。

（5）插图 有些使用操作复杂的商品，还附有插图，配以文字说明，以便于读者正确掌握使用方法、操作程序及保养要领。

3. 结尾

写明生产经营该商品的厂名、厂址、电话、邮政编码、传真、网址等，以便于联系。

例文引路

例文 7-2

×××养阴清肺糖浆说明书 *（标题：商品名称+文种）*

【药品名称】
　　通用名称：养阴清肺糖浆
　　商品名称：养阴清肺糖浆
　　拼音全码：YangYinQingFeiTangJiang

【主要成份】地黄、玄参、麦冬、川贝母、牡丹皮、白芍、薄荷脑。

【性　状】本品为棕褐色的半透明液体；气清凉，味甜、微苦。

【适应证/功能主治】养阴润肺，清热利咽。用于咽喉干燥疼痛，干咳、少痰或无痰。

【规格型号】10毫升×10支

【用法用量】口服，一次20毫升，一日2次。

【不良反应】尚不明确。

【禁　忌】尚不明确。

【注意事项】

1. 忌烟、酒及辛辣食物。

2. 痰湿壅盛患者不宜服用，其表现为痰多黏稠或稠厚成块。

3. 风寒咳嗽者不宜服用，其表现为咳嗽声重，鼻塞流清涕。

4. 有支气管扩张、肺脓疡、肺心病的患者及孕妇，应在医师指导下服用。糖尿病患者服用前应向医师咨询。

5. 服用三天，症状无改善，应去医院就诊。

6. 按照用法用量服用，小儿、年老体虚者应在医师指导下服用。

7. 长期服用应向医师咨询。

8. 对本品过敏者禁用，过敏体质者慎用。

9. 本品性状发生改变时禁止使用。

10. 儿童必须在成人监护下使用。

11. 请将本品放在儿童不能接触的地方。

12. 如正在使用其他药品，使用本品前请咨询医师或药师。

【药物相互作用】如与其他药物同时使用可能会发生药物相互作用，详情请咨询医师或药师。

【贮　藏】密封，置阴凉干燥处。

【包　装】每盒装10支，每支100毫升。

【有　效　期】24个月

【执行标准】卫生部药品标准中药成方制剂第十五册

【批准文号】国药准字×××

【生产企业】××市××制药公司

地址：××市××路××号

电话：××××——×××××××

传真：××××——×××××××

邮编：××××××

网址：www.×××××.com

> 正文：条款式，说明商品的性能、特点、规格、成分、使用方法、注意事项

> 结尾：企业名称、地址、电话、传真、网址等

友情提示

产品说明书写作注意事项

（1）产品说明书要实事求是，有一说一、有二说二，不可为达到某种目的而夸大产品的作用和性能。

（2）产品说明书要全面地说明事物，不仅介绍其优点，同时还要清楚地说明应注意的

事项和可能产生的问题。

（3）产品说明书可根据情况需要，使用图片、图表等多样的形式，以期达到最好的说明效果。

相关链接

产品说明书的写作要求

（1）真实可靠，突出特征　因为产品说明书关系到生产厂家的信誉，更关系到消费者的切身利益，所以写作要实事求是，不言过其实，不弄虚作假。

（2）简明扼要，通俗易懂　说明书的使用者文化程度参差不齐，产品说明书要让他们阅读后对商品有所了解，懂得操作与使用，从而实现商品的使用价值，因此产品说明书的表达要求简明扼要，通俗易懂，使用专业术语要恰当。

任务巩固

一、为"××牌洗衣粉"的说明书写标题

标题1_____　　标题2_____
标题3_____　　标题4_____

二、写作实训

根据下面的内容，写出说明书的正文提纲。

双黄连口服液为棕色澄清液体，味甜、微苦。解热，消炎，抗菌，抗病毒。辛凉解表，清热解毒。适用于病毒和细菌感染引起的肺炎、气管炎、支气管炎、咽炎及扁桃体炎等上呼吸道感染，病毒性流感引起的发热、咽痛、咳嗽和老年性哮喘等。口服，一日3次，一次2支，小儿酌减或遵医嘱。每支10毫升。密封，避光，置阴凉处保存。如有轻微沉淀，服前请摇匀，不影响疗效。服用时请将吸管从铝盖中央凹处插入即可服用。保质期2年。生产日期见盖内侧。

第三节

经济合同

学习任务

掌握经济合同的写法和要求，拟写格式规范和内容要素齐全的经济合同。

任务背景

某策划公司设计部主任在会上说:"某茶厂的香香牌茉莉花茶叶得到了广大消费者的认可,现在很多经销商都要求定购该产品。希望我们公司帮他们撰写购买合同,你们讨论一下,怎样写一份格式规范、要素齐全的购买合同。"

大家齐声说:"好。"

任务分析

一、经济合同的概念

《合同法》规定,合同是平等主体的自然人、法人,其他组织之间设立、变更、终止民事权利义务关系的协议。经济合同是合同的一种。它是合同主体之间为了实现经济目的,通过平等协商而签订的明确各自权利义务关系的具有法律约束力的协议。

二、经济合同的特点

经济合同除了具备一般合同的特点外,还具备以下的特点。

(1) 经济合同法律关系的主体,主要是具有法人资格的社会组织。也就是说,只有具备法人资格的社会组织才有权订立经济合同,作为经济合同法律关系的主体。对于特殊主体,也就是个体经营户、农村承包经营户同法人之间所签订的经济合同,同样受法律保护,但必须是以同法人之间签订的经济合同为前提条件。

(2) 经济合同必须遵守国家法律的规定,符合国家行政法规的要求。订立经济合同,只有遵守国家法律、法令,符合国家行政法规的要求,所签订的经济合同才是合法的法律行为,才具有法律效力。凡是同国家法律规范相抵触的经济合同,都是违法行为,不具有法律效力。

(3) 经济合同的内容应反映当事人的特定经济目的。经济合同所调整的是当事人为了一定的生产经营目的或完成一定的工作任务,在商品生产或交换过程中的经济往来关系。

(4) 经济合同当事人之间的行为是等价有偿的。经济合同作为商品交换的法律形式,必须体现等价交换的原则,因而当事人之间的行为是等价有偿的。无偿的赠与行为不构成经济合同关系。

(5) 经济合同文本应采用书面形式。《中华人民共和国经济合同法》中规定:"经济合同,除即时清结者外,应当采用书面形式。"如不采用书面形式来签订合同,很难保证合同的全面、正确履行。

三、经济合同的类型

(1) 按经济合同内容分,有购销合同(包括供应、采购、预购、购销结合及协作、调剂等合同)、建筑工程承包合同、加工承揽合同、货物运输合同、供用电合同、仓储保管合同、财产租赁合同、借款合同、财产保险合同、科技协作合同（包括科研、试制、成果推广、技术转让、技术咨询服务等）。

（2）按写作形式分，有表格式合同、条文式合同。

（3）按范围分，有国内经济合同、涉外经济合同。

（4）按履行期限分，有长期经济合同、中期经济合同、短期经济合同。

四、经济合同的作用

（1）有利于保护合同当事人合法的经济权益。

（2）有利于企业加强经济管理，促进经济效益的提高。

（3）有利于规范市场交易活动，维护社会经济秩序。

五、经济合同的结构与写法

经济合同主要回答的问题为：谁与谁订立合同、为什么订立合同、合同订立的事项、谁签署等。

经济合同一般由标题、约首、正文、约尾四部分组成。

1. 标题

（1）由合同的性质＋文种组成，如《承包合同》、《订货合同》、《财产保险合同》。

（2）由合同标的＋合同的性质＋文种组成，如《电冰箱买卖合同》、《汽车租赁合同》。

标题右下方应写明合同编号。

2. 约首

约首写明签订合同各方全称或当事人姓名。为了行文方便，可分别在全称后加括号简化"甲方"和"乙方"，也可按合同内容标示。合同双方单位名称，可以左右并列，也可上下分列。

3. 正文

正文一般由开头、主体组成。

（1）开头　简要说明签订合同的依据和目的，一般使用介词结构表示，即"为了……"、"根据……，经过双方充分协商一致，特签订本合同，以便共同遵守"等过渡。

（2）主体　这是经济合同的核心部分。按照双方的协议，逐项写明议定的条款。一般按照《经济合同法》规定的主要条款及其主次关系排序，主要条款包括：标的，数量，质量，价款或报酬，履行期限、地点和方式，违约责任，解决争议的办法。

① 标的　标的是合同双方权利和义务共同所指的对象。它可以是货币或实物，也可以是工程、劳务、科技成果或专利等。合同标的要明确、具体、肯定，否则当事人之间的权利义务就失去目标。

② 数量　数量是指以数字方式和计量单位方式对合同标的进行具体的确定，即衡量标的的轻重、多少、大小、面积及容量的尺度。

③ 质量　质量标明标的的特征和优劣程度，是标的内在质量和外在质量的综合指标。包括规格、性能、款式、标准、材质等。

④ 价款或报酬　价款是根据经济合同取得标的物的一方以货币形式向对方支出的价款。要标明支付货币名称、数额、计算标准、结算方式、支付时间、支付方式。

⑤ 履行期限、地点和方式　合同的履行期限、地点和方式分别指合同当事人履行合同的时间界限、履行合同义务的具体地点和履行义务的方法。

⑥ 违约责任　违约责任是指合同当事人由于自身过错不履行或不完全履行合同义务依法所应承担的责任。

⑦ 解决争议的办法　它是指当事人在履行合同过程中发生争议的处理办法。

4. 约尾

约尾一般包括以下几项内容。

(1) 合同的有效期。

(2) 条款未尽事宜的处理办法。

(3) 合同份数和保存方法。

(4) 合同的附件。

(5) 落款。双方单位及法人代表签名盖章。签约单位详细地址、电话号码、邮政编码、开户银行和账号等。最后写明合同签订的日期。

例文引路

例文 7-3

购销合同

立合同人：××市百花果品公司(简称甲方)

××县新兴果场(简称乙方)

为了繁荣市场，保证果品供应，甲乙双方代表经过平等协商，订立如下合同，以资共同信守。

一、乙方向甲方提供八成熟糯米滋荔枝共壹万千克，其中一级、二级各一半，即每种伍仟千克。一级每千克伍元贰角，二级每千克肆元，总货款为肆万陆仟元(人民币)。

二、乙方于2014年7月25日前用汽车直接运往甲方所在地，运费由乙方负担。荔枝用二皮篾竹箩包装，每只箩计价贰元，由甲方负担，乙方以四折回收旧竹箩。

三、甲方过秤验收后，于三天内通过银行托付全部货款及包装箩费。

在正常情况下，乙方拒不交货，应处以货物总款百分之二十的罚金；数量不足则按不足部分的货款百分之二十处以罚金；质量不合格，则重新酬价；如逾期交货，则每天处以货款百分之五的滞罚金。

在正常情况下，甲方拒不收货，则处以货物总款百分之二十的罚金；逾期付款，则每天处以百分之五的滞罚金。

标题：文种

约首：签订合同双方

正文开头：签订合同的目的

正文主体：议定的条款，包括标的、数量、质量、价款或报酬、履行期限、地点和方式、违约责任、解决争议的办法如因自然灾害或特殊情况双方不能履行合同的，应提前贰拾天通知对方，并赔偿对方百分之十的损失费。

四、本合同一式三份，甲乙双方各执一份，鉴证机关一份。本合同自签订之日起生效，至双方义务履行完毕之日失效。

甲方：××市百花果品公司　　乙方：××县新兴果场
代表：王××(盖章)　　　　　代表：杨××(盖章)
开户银行：××市工商银行　　开户银行：××县农业银行
银行账号：×××××××　　银行账号：×××××××
地址：××市北京路66号　　　地址：××县新兴果场
电话：××××××　　　　　电话：××××××
鉴证机关：××县工商行政管理所(盖章)
签订日期：2014年5月13日

> 约尾：签约单位详细地址、电话号码、邮政编码、开户银行和账号等。合同签订的日期

友情提示

经济合同写作注意事项

（1）经济合同的写作要规范　经济合同写作对格式有比较严格的规范，《经济合同法》有关于合同格式的规范。国家工商管理局统一编制了《中国合同范本》，有各类合同参考文本，如不能照搬也要尽可能规范、明了。

（2）经济合同的内容要合法　经济合同内容不能违背法律法规，不能损害国家利益、公共利益，不能危害社会秩序。这样的经济合同才能够依法生效。签订经济合同本身也是法律行为，在双方当事人签订经济合同之前应对有关政策、法规有所了解。

（3）经济合同的条款要具体　合同条款的内容是双方当事人权利义务的具体体现，当事人应当按照约定全面履行自己的义务，具体就是为了明确规定双方各种权利义务以及经济、法律上的责任，任何应当明确表达的条款没有写清楚都会造成合同不能执行或产生纠纷。

相关链接

经济合同的写作要求

（1）经济合同的内容必须合法　经济合同所涉及的内容必须符合国家的有关法律、法规和有关职能部门或行业的管理规定，这样，合同的内容才可能建立在合法的基础上。同时，合同的内容应是当事人意愿的共同体现。

（2）经济合同的格式必须规范　可向当地工商行政管理机关或业务主管部门购买合同纸，也可按照示范文本格式自行印刷使用。撰写经济合同时，一定要按规定的文本格式和

要求进行。合同的撰写，要严肃认真，不得随意涂改。合同如有错误或遇到特殊情况确需修改时，应将双方同意的意见作为附件附上。如在原件上修改，应加盖双方印章。

（3）经济合同的条款必须完备　必须按《经济合同法》规定条款来撰写。

（4）经济合同的语言必须准确　不允许出现含糊不清或模棱两可的句子或语言，以避免在合同的履行中出现不必要的争执和纠纷。合同中使用的概念，当事人应该有一致的理解，忌用模糊概念，以防产生歧义。经济合同的语义应该准确，应避免使用"希望"、"尽可能"、"争取"等模糊性用语，不说空话、套话。经济合同的数字应核对无误，金额应大写。同时还要注意正确使用标点符号，防止句号、逗号用错或点错而造成不必要的纷争或造成损失。

任务巩固

写作实训

1. 根据下述材料，写出合同的首部。

海天市花香茶叶有限公司与绿城市七坡茶场于 2011 年 3 月 15 日在七坡茶场签订了编号为 020 的茶叶购销合同。

2. 下面是合同的正文部分，请你根据各段的内容填空。

_____根据《中华人民共和国经济合同法》和经过甲、乙双方友好协商，订立如下合同。

_____神舟电脑壹佰台。

_____按国家标准执行。

_____叁仟元/台，总计人民币叁拾万元整。汽车运输，运费均由乙方承担。

_____自合同签订之日起 15 日内交货，即 2011 年 3 月 30 日前供货。

_____由乙方运至甲方所在地，在 2011 年 3 月 16 日至 2011 年 3 月 30 日之内由甲方验收完后交货。

_____合同签订 3 日之内，甲方需向乙方预付合同总额的百分之四十，即人民币壹拾贰万元整，货到并验收合格后 2 日内支付余款，即人民币壹拾捌万元整。

_____若无不可抗力因素，甲方付款逾期，应每天按逾期款总额的万分之五（按日计）或法律许可的最大利率向乙方支付滞纳金；若无不可抗力因素，乙方供货逾期，在甲方后期检查中乙方因人为因素没有按甲方规定供货或所供货物有质量问题的，也应每天按逾期款总额的万分之五（按日计）或法律许可的最大利率向甲方支付滞纳金和赔偿甲方一切损失。

_____本协议未尽事宜，由甲乙双方协议解决，协议不成，双方同意在甲方所在地仲裁机构仲裁，或向甲方所在地的人民法院起诉。

_____合同经甲、乙双方签字盖章后即开始生效。

_____本合同一式两份，甲、乙双方各执一份。

3. 根据下列材料，写出合同的尾部。

张雄代表××市百佳超市与××市新兴村蔬菜种植基地的代表李大明于 2014 年 5 月 10 日签订了蔬菜买卖合同。张雄的手机号码是 13607716667，××市百佳超市的地址是××市新华路 66 号，电话是××××-5353222，开户银行是××市工商银行新华支行，银行的账号是 63125655。李大明的手机号码是 13855662327，××市新兴村蔬菜种植基地地址是××市松北区友爱北路 207 号，电话是××××-2377321，开户银行是××市农业银行友爱支行，银行的账号是 39554217。

4. 根据下列材料（可作扩充），写一份合同。

馨语鲜花店的王浩先生，于 2015 年 2 月 10 日与陶然园艺厂的代表刘灵女士协商：陶然园艺厂于 2015 年 2 月 14 日凌晨 4 时为馨语鲜花店送红玫瑰 4000 支、百合花 4000 支。要求每种鲜花在 2 月 14 日凌晨 4 时送货前采摘，由陶然园艺厂负责以泡沫箱包装并及时运送到馨语鲜花店，包装费和运输费由馨语鲜花店负担。各类鲜花的价格视质量好坏，按协商价格计算，货款在鲜花交货当日通过银行托付。如因突发的自然灾害不能如数交货，陶然园艺厂应及时通知馨语鲜花店，并互相协商修订合同。在正常情况下，如果馨语鲜花店拒绝收货，应处以拒收部分价款 20% 的违约金；陶然园艺厂如不能如数交货，应处以不足部分价款 30% 的违约金。本合同一式两份，双方各执一份。

第四节

招标书　投标书

学习任务

掌握招标书、投标书的写法和要求，拟写格式规范和内容要素齐全的招标书、投标书。

任务背景

飞翔职业学校为进一步扩大办学规模，提升学校办学层次。申请新建一幢总建筑面积为 7313.08 米^2 的学生宿舍，其中地上建筑面积为 6094.4 米^2，地下建筑面积为 1218.68 米^2，基底面积为 1218.68 米^2，建筑层数主体 5 层，地下室 1 层，建筑高度为主体 18 米，地下室 3.6 米，标准层层高 3.6 米。并报有关部门获得批准。本着公平招标的原则，飞翔职业学校决定采用公开招标方式，向社会广大企业招标，然后根据企业情况，择优选定施工单位。学校要求办公室负责撰写招标书。招标书发出后，××建筑工程公司认为符合条件，按要求拟写了一份投标书发给招标办公室。

任务分析

一、招标书

（一）招标书的概念

招标是指招标者（单位或个人）在兴建工程、合作某种业务或进行大宗商品交易时，按照一定程序征求应征者，进行公开竞争的方式。在招标过程中形成的一系列文书统称为招标书。所谓"标"就是用比价方式承包工程或买卖货物时各竞争厂商所标出的价格。

（二）招标书的特点

（1）公开性　这是由招标的性质决定的。招标活动应当遵循公开、公平、公正的原则，凡是投标者需要知道的内容、条件、要求（标的除外），都要在招标书中公开说明。招标的整个过程是公开的，从而保证使每一个投标人获得均等的信息和机会。

（2）竞争性　招标书充分利用了竞争机制，它以竞标的方式吸引投标者加入，通过激烈的竞争以实现优胜劣汰，从而实现业主优选的目的。

（3）时间性　招标书要求在短时间内获得结果，因此具有时间的紧迫性。

（三）招标书的类型

招标书按照不同的标准划分，可以分为不同的类型。

（1）按招标发行方式分，有公开发行的招标公告和内部发行的招标邀请书。

（2）按时间分，有长期招标书和短期招标书。

（3）按内容分，有企业承包招标书、工程招标书、大宗商品招标书。

（4）按招标的范围分，有国际招标书和国内招标书。

（四）招标书的结构与写法

招标书主要回答的问题为：为什么招标、招标什么事项、联系方式、谁招标、日期等。

招标书一般由标题、正文、落款三部分组成。

1. 标题

标题有四种形式。

（1）由招标单位名称＋招标项目＋文种组成，如《××工程设备公司建筑安装工程招标书》。

（2）由招标项目＋文种组成，如《××大桥工程招标书》。

（3）由招标单位名称＋文种组成，如《××工程建筑公司工程招标书》。

（4）直接写文种，即只写《招标书》。

2. 正文

由前言、主体组成。

（1）前言以简明、概括的语言写明招标单位的基本情况和招标目的。

（2）主体包括招标事项和招标程序。招标事项一般采用条文式，分项列条对项目名称、招标范围、招标投标方法、招标时限、招标地点等加以陈述和说明。招标程序应写明投标的起止时间、发送招标文件的方式、地点和日期、开标的方式、地点和日期。

3. 落款

落款写明招标单位的名称、地址、电话号码、传真和网址、联系人、发布年月日，以便投标者参与。招标书的附带材料可作为附件放在文后。写上单位名称或个人姓名、日期。

例文引路

例文 7-4

路灯改造工程招标书

××市××路路灯改造工程已经批准。现采用邀请招标方式对路灯改造工程进行招标，邀请贵单位参加本工程的投标。

一、工程概况

1. 工程名称：××市××路路灯改造。
2. 工程地点：××市××路××号—××号。
3. 工程项目内容：土建、电气、道路施工等。
4. 招标人：××市××管理处。
5. 招标方式：公开招标。
6. 承包方式：包工包料。
7. 工期：为30日历天。
8. 工程质量标准：合格。
9. 质保期：两年。
10. 领取招标书时间：2014年9月5日。
11. 开标与评标时间：2014年9月11日上午9时，投标人将投标书(纸质版2份、电子版1份)密封完整，送达××市××管理处办公楼3楼会议室。
12. 路灯改造方案：详见附件。

二、招标要求

（一）投标人资质

1. 投标人必须为年检合格的独立企业法人，具有施工资质、安全资质。
2. 投标人不得以分包、转包或挂靠方式进行投标。
3. 投标人提供有效的法人营业执照副本（复印件盖章）、法人委托书。

（二）工程要求

1. 本工程要符合国家、××市等有关标准、规范的要求。
2. 工程所用材料、设备选用"环保型"、中高档类型，参照投标报价按工程进度同步提供采购合同或书面依据报××市××管理处确认。

（三）投标文件内容

投标人的法人营业执照、安全生产许可证、法人委托书、无行贿记录证明、廉政承诺书、技术和商务标书。

> 标题：招标项目＋文种

> 正文前言：招标目的

> 正文主体：按条款式——列举招标事项

（四）评标方式

根据报价内容按全面、合理原则，评选推荐出中标人。

（五）施工要求

1. 施工方应加强工作人员的现场管理，在施工期间不得影响周边单位正常工作的开展，遵守各项规章制度，服从工作安排。

2. 做到文明施工，及时清理施工垃圾，保证施工现场环境整洁。施工方预先交付建筑安装、装修等垃圾清运押金贰仟元。

3. 开工前双方签订安全、保卫协议。

4. 施工方交付贰仟元评标费。

三、工程合同、付款及结算

1. 招标人、中标人双方具体商定合同条款，确定合同价格。工程结算按实际完成项目编制的竣工图纸、资料进行，以审计后金额为准。在无特殊施工要求时，工程结算额不应高于投标报价。

2. 工程付款方式

签订合同后预付合同价的百分之三十，工程竣工验收合格并投入使用后，支付合同价的百分之四十，经审计后支付至结算额的百分之九十五，质保金（结算额的百分之五）待质保期结束后付清。

××市××管理处

联系人：张国强

联系电话：××××－××××××

2014年8月27日

> 落款：招标单位（盖章）、联系人、电话号码、发布年月日

友情提示

招标书写作注意事项

（1）招标方案应切实可行。

（2）招标标准应当明确，表达必须准确。

（3）规格应当准确无误。

相关链接

招标书写作要求

（1）周密严谨　招标书不但是一种"广告"，而且也是签订合同的依据，是一种具有法律效应的文件。因此在从事这一文体写作时，内容要具备较强的逻辑性，要有条有理，有

依有据。条款的罗列要明确、具体。措辞要严谨周密,注意标点要准确。

(2) 简洁清晰　招标书一般内容比较丰富,但在写作时,切忌长篇大论啰哩啰唆。只要把所要讲的内容简要介绍、突出重点即可。

(3) 注意礼貌　招标书涉及的是交易贸易活动,要遵守平等、诚信的原则。要求措辞诚恳,语气平和,切忌盛气凌人,更反对低声下气。

任务分析

二、投标书

(一) 投标书的概念

投标书是指投标单位按照招标书的条件和要求,向招标单位提交报价并填具标单的文书。

(二) 投标书的特点

1. 针对性

投标书必须针对招标项目和招标备件、要求来写。

2. 竞争性

投标是一种竞争活动,反映在投标书的写作上,要求投标的内容和语言尽可能显示出投标者所具有的某些优势条件,以击败其他竞争单位。

3. 求实性

投标虽然具有竞争性,但是必须实事求是,决不能为了中标夸大其词,失去诚信。

4. 合约性

投标书一旦送达招标方,它就具有了约束性。招标方将各方递交的投标书展开评标、定标等系列工作,此时,投标方不得再更改投标书上承诺的内容。

(三) 投标书的类型

招标书按照不同的标准划分,可以分为不同的类型。

(1) 按照投标主体的不同,可以将投标书分为个人投标书、集体投标书和企业投标书三类。

(2) 按照投标内容的不同,可将投标书分为任务投标书和承包投标书两类。

(四) 投标书的结构与写法

投标书主要回答:为什么投标、投标什么事项、联系方式、谁投标、日期等。

投标书一般由标题、称呼、正文、落款和附件五部分组成。

1. 标题

(1) 由投标单位名称+投标项目+文种构成,如《××建筑公司承包××大桥工程投标书》。

(2) 由投标项目+文种构成,如《××大桥工程投标书》。

(3) 只写文种,即只写《投标书》。

2. 称呼

应在标题以下顶格写招标单位或招标办公室全称。

3. 正文

正文部分由前言、主体组成。

（1）前言以简练、概括的语言介绍投标单位的名称、投标的指导思想或目的。

（2）主体包括：①投标企业的概况（企业所有制性质、企业地址、企业业绩、技术力量、设备情况、负责人姓名、开户银行账号等）；②投标事项（投标的具体指标、投标方承诺的责任义务或项目开工竣工日期、投标书的有效期、投标方按投标要求交纳银行保证书和履约保证金等）；③投标态度。

4. 落款

落款写明投标单位的名称、负责人、联系人、地址等，并注明成文日期。落款处加盖单位印章。

5. 附件

正文主体的必要表格作为附件附在文后。

例文引路

例文 7-5

投　标　书 ← 标题：文种

海港外高桥造船有限公司： ← 称呼：招标单位名称

1. 根据已收到的海港外高桥造船有限公司二期工程海洋工程平台（一）项目工程的招标文件，遵照《海港市建设工程招标投标管理暂行办法》的规定，我单位经考察现场和研究上述工程招标文件的投标须知、技术规范、图纸、工程量清单和其他有关文件后，我方愿以人民币叁仟伍佰肆拾万壹仟叁佰元的总价，按上述技术规范、图纸等的条件承包上述工程的施工、竣工和保修。 ← 正文前言：说明工程项目名称、总标价

2. 一旦我方中标，我方保证在2014年9月26日开工，并于2015年3月24日竣工，即180天（日历天）内竣工并移交整个工程。

3. 除非另外达成协议并生效，你方的中标通知书及本投标文件将构成约束我们双方的合同。

4. 我们明白发包方不一定要接纳最低的投标价的投标或收到的任何投标，也不会解释选择否决任何投标的原因与理由。 ← 正文主体：分条写投标方的承诺

5. 我方金额为人民币柒拾万元的投标保证金在接受招标文件时已同时递交。

6. 我们确定本投标已考虑发包方或其招标代理单位已向我方发出的关于招标文件的修改通知。

投标单位：海港市海洋建筑工程公司（盖章）
单位地址：海港市淮海路123号
邮政编码：200137
电话：011-88665532

← 落款：投标单位的名称（盖章）、负责人、地址联系方式等及成文日期

> 传真：011-88665533
> 开户银行名称：中国建设银行淮海支行
> 开户行地址：海港市淮海路300号
> 银行帐号：0111065327855668
> 日期：2014年8月1日
> 投标书附录（略）

友情提示

制作投标书的注意事项

（1）认真研究招标文件，吃透招标文件精神，把握文件意图　尤其要关注招标文件中的技术参数、质量要求、交货方式、付款方式、保证金数额及支付方式、招标代理服务费、接收投标文件的截止时间，以及所需何种证明文件等。另外还要特别关注废标条款。这些要点的掌握是制作投标文件的基本前提。

（2）合理制定投标价格　价格是投标中的杀手锏，但也不是绝对的条件。价格优势往往会给投标者带来评标优势，但如果价格明显低于成本价时，也会被作为废标处理。所以，投标价格的制定一定要科学测算。

（3）精确编制投标文件偏离表　投标文件偏离表是招投标过程中重要的文件之一，是评标的重要依据，其制订一定要精确详实。

（4）所提供的业绩等证明材料一定要实事求是　投标人在制订投标书的时候，往往会证明自己与招标文件要求或其他供应商的条件相比有如何的优势，就会列举一些以往的成功案例或向招标人提出一些承诺和保证，其列举的案例和所作的承诺必须实事求是，不能弄虚作假，否则会导致废标。

相关链接

投标书写作要求

（1）平等自愿　写作投标书，必须遵循党和国家的有关方针、政策和法规，必须贯彻平等互利、等价交换并坚持自愿的原则。投标过程中的投标单位和招标单位之间，投标单位与公证单位之间都应保持平等关系。

（2）掌握程序　熟悉程序是写好投标书的基础。

（3）语言要简练，表达要规范　语言简练，表达正确规范是写作招标书和投标书的共同要求。写作招标书时招标项目必须全面具体，写作投标书时各项指标要精确，报价要科学，测算要准确无误。

任务巩固

写作实训

根据以下内容分别拟写一份招标书和投标书。

飞翔职业学院对南校区学生公寓物业管理权进行公开招标，选定物业管理单位对南区学生公寓物业进行管理。管理范围包括：学生公寓（3~14层）28776.5米^2；周边道路、运动场6704米^2；绿化面积1171米^2。招标内容以招标单位提供的《招标文件》为依据。2014年4月5日至2014年5月5日为招标的起止时间，2014年6月5日上午九点三十分在学校第一会议室公开招标。凡达到××市物业管理三级以上资质的物业管理公司或高校后勤服务公司（集团）均可参加投标。地址：××市解放路××号。邮编：××××××。电话：×××××。联系人：李××。

第八章 司法应用文

司法应用文是法律应用文，是国家司法机关和法律授权的专门组织（律师、公证、仲裁三个组织）以及诉讼当事人依法制作的处理诉讼案件和与诉讼有紧密联系的非诉事件的具有法律效力或法律意义的文书的总称。包括起诉状、上诉状、答辩状、申诉状等。

本章学习司法应用文中的起诉状、上诉状、答辩状、申诉状。

通过本章的学习，你将能够：

＊了解起诉状、上诉状、答辩状、申诉状的概念、特点、类型、作用；

＊理解起诉状、上诉状、答辩状、申诉状格式和写作要求；

＊掌握起诉状、上诉状、答辩状、申诉状的写作方法，能撰写起诉状、上诉状、答辩状、申诉状。

第一节 起诉状

学习任务

掌握起诉状的写法和要求，拟写格式规范和内容要素齐全的起诉状。

任务背景

覃勇骑着电单车逆行在人行道上，撞到了在行人道上正常行走的何佳刚。何佳刚被送往××医院治疗，共花医疗费 5497 元。医院诊断为：①右足损伤；②全身多处软组织挫伤。

市公安局交警支队二大队对该起事故依法作出道路交通事故认定书，认定覃勇负事故的全部责任。但覃勇却不肯付医疗费。何佳刚决定用法律来维护自己的合法权利，向人民法院状告覃勇。

任务分析

一、起诉状的概念

起诉状亦称"诉状"，是指公民或法人因自身合法权益遭受侵害而向人民法院提起诉讼请求的文书。

二、起诉状的特点

（1）起诉状是由公民、法人及非法人团体向人民法院提起诉讼的书状。
（2）起诉状有具体的被告与明确的请求。
（3）起诉状的用语既是高度概括的，又是非常明确的。

三、起诉状的类型

按诉讼主体和案件性质分，有民事起诉状、行政起诉状、刑事起诉状（刑事自诉状和刑事公诉状）、刑事附带民事起诉状。

四、起诉状的作用

（1）起诉状是法律诉讼程序开始的前提。
（2）起诉状是人民法院立案和裁决的重要基础。
（3）起诉状是被告人应诉答辩根据。

五、起诉状的结构与写法

起诉状主要回答：起诉谁、为什么起诉、起诉的事项、起诉者的要求、谁起诉、日期等。

起诉状主要由首部、正文、尾部、附项四部分组成。

1. 首部

首部包括标题、当事人（包括原告、被告）的自然情况、案由等。

（1）**标题** 标题是起诉状的名称，要根据诉状的性质和内容来确定标题。如果是民事案件，标题为《民事诉状》或《民事起诉状》。如果是刑事自诉案件，标题写为《刑事诉状》，不必注明"自诉"二字。如果是行政案件，标题写为《行政诉状》或《行政起诉状》。

（2）**当事人的自然情况** 诉讼当事人包括原告和被告。如果当事人是自然人，先写出原告人的姓名、性别、年龄、民族、籍贯、职业、工作单位和住址。原告是不满十八岁的未成年人，写明法定代理人的姓名和职务以及与原告的关系。次写出被告人的上述八项基本情况。如果当事人是法人，则先写原告法人单位的全称和地址，次写法定代表人的姓名和职务。然后写出被告法人同样的情况。如果有数个原告人和被告人。就要按其在案件中的地位和作用，依次写出他们各自的基本情况。如果委托诉讼代理人，则应在原告人或被告人的下一行，写明代理人的姓名和所在单位。

（3）案由　案由要写明案件名称，如离婚、继承、损害赔偿等。

2. 正文

正文包括请求事项、事实和理由。

（1）请求事项　这部分写原告人提起诉讼要达到的目的和对人民法院提出的请求。如刑事伤害案件可写"被告人犯伤害罪，请依法判处"，"原告人的医疗费（写明具体金额），由被告人负担"。民事案件，要写明请求的标的，即争议的权益和争议的事物，请求人民法院依法判处。如"请求人民法院依法判处，将被继承人吴××的全部遗产由原告与被告按份额共同继承"。请求事项不能写得太繁琐，也不能太简略，要明确简洁。

（2）事实和理由　这是起诉状的主体和核心。是证明自己诉讼请求的重要依据。一般要写出事实、证据和理由等内容。

① 叙述事实　人民法院审理案件做出判决或裁定都以事实为根据。原告人在起诉状中要实事求是地把被告人的犯罪（刑事诉状）经过、被告的侵权行为或当事人双方纠纷的具体情况（民事案件）写清楚，如经济纠纷案，起诉状就要写清当事人之间纠纷的由来、发生、发展经过，双方对经济权益争执的具体内容和焦点，客观真实情况和实质性的分歧，被告应承担的责任，造成的后果及原告的过错等。

② 提供证据　证据是认定事实的客观基础，直接关系着案由的成立和诉讼的进程。原告人对自己所提起诉讼的案件负有举证责任。为证明自身所述事实的真实性和请求事项的合理性，起诉状应当充分列举证据。证据包括书证、物证及其他能证明事实真相的材料。提供书证、物证及有关材料应说明其来源和可靠程度。也要交代证人的证言内容及证人的姓名、职业、单位、住址等，以便核查落实。

③ 阐明理由　主要写两个方面的内容。一个是根据诉讼事实和证据，用有关法律规范分析案件的性质及被告人的责任。另一个是提出诉讼请求所依据的法律根据，论证请求事项的合理性和合法性。

3. 尾部

起诉状尾部包括三项内容。

（1）呈文对象，即起诉状所提交的人民法院名称，用"此致，××人民法院"句式表示。

（2）具状人签名盖章。

（3）具状年月日。

4. 附项

应具体说明起诉状副本的份数和证据的种类、名称、数量以及证人的姓名、住址等。

例文引路

例文 8-1

民事起诉状 ←〔首部：标题〕

原告：刘艳，女，现年36岁，汉族，××市人，市机械厂干部，现住××市西区文山路20号。

被告：王春香，女，现年52岁，汉族，××市人，市手表厂工人，现住××市西区文山路18号。

←〔首部：当事人基本情况〕

请求事项：依法要求继承祖传房产文山路50号平房5间（共110米^2）。 ←〔正文：请求事项〕

事实与理由：

我父亲刘山与母亲张氏，生育子女两人，哥哥刘明，妹妹即原告刘艳。一家4口人有私房5间。1980年哥哥刘明与本案被告王春香结婚。1991年刘明因公死亡，1992年初父亲刘山病逝，由母亲张氏维持一家3口的生活。1994年我结婚另过。被告与我母亲住在一起。被告脾气古怪，经常与母亲吵架，只顾自己快活，毫无孝心，叫我母亲为她洗衣做饭，操持家务。母亲每年都要到我家住上两个月。2003年母亲病逝。我要求继承祖传房产，并考虑到被告与母亲共同生活过较长时间，我同意王春香继续住在东屋，但王拒不同意，双方为此多次发生纠纷。

←〔正文：事实和理由〕

根据我国《继承法》第10条的规定，我是我家祖传房产的唯一合法继承人，被告对公婆未尽赡养义务，婆媳关系长期不和，不应享有继承权。特依法提出上述请求，请贵院依法裁判。

　　此致
××市西区人民法院

　　　　　　　　　　　　具状人：刘　艳
　　　　　　　　　　　　2014年2月15日

←〔结尾：起诉状呈交的法院名称、起诉人签名，具状年月日〕

友情提示

撰写起诉状应注意的问题

（1）在起诉状中叙述纠纷事实或被告人的犯罪事实时，必须注意边叙述事实边列举证据，以证明原告（原告人）所提供的事实是证据确凿的，无可辩驳的。这样便于为法院受理案件提供依据。

（2）在行文方法上，案情事实比较复杂的，一般先写明纠纷事实或被告人犯罪事实，然后再用专门段落阐述理由。这样行文较为清楚。如果案情简单，法律事实比较清楚，也可以以阐述诉讼理由为主线，结合说明事实情况。

（3）注意人称的一致性。目前诉状人称有两种写法。一种是第一人称写法，即"我"如何如何，被告如何如何。另一种是第三人称写法，即原告如何如何，被告如何如何。一般情况下，当事人提起诉讼，本应用"我"、"我单位"口气陈述。但由于目前诉状多由律师代笔，所以用第三人称陈述写起来比较客观。两种人称均可，但在同一起诉状中不能混用。

相关链接

起诉状的写作要求

（1）当事人的基本情况要准确、具体。自然人的基本情况包括姓名、性别、年龄、民族、工作单位、地址等，如果是外国公民还应注明国籍；法人或其他组织的基本情况包括名称、住所地、法定代表人或负责人的姓名、职务等。自然人的姓名要与其身份证一致，法人的名称要与其营业执照一致。还应列明当事人的通讯地址、联系方式。

（2）诉讼请求部分，要写明请求法院解决哪些问题。如果有几项诉讼请求的，要一一列出。没有列出的诉讼请求，视为原告放弃了对被告这方面追索，法院也不会主动对此进行审理。

（3）在事实部分，要明确写清双方纠纷发生的原因、经过、现状等。在理由部分，要针对事实，分清是非曲直，明确责任，并引用相关法律条文加以说明。

（4）要注明法院的名称。比如应写明"致××法院"。

（5）在起诉状尾部，还要写明时间。当事人是自然人的由本人签名，当事人是法人或其他组织的由法定代表人签名并加盖公章。

（6）语言要简洁、准确。不要用不文明的语言对对方进行人身攻击。

任务巩固

写作实训

1. 假设你是××律师事务所的律师，请根据以下材料，代张××写一份诉讼状。

2013年4月1日下午1:15，当张××（女，汉族，生于1960年3月25日，原在××有限公司工作，住址为××路××花苑41号101室，电话：××××××××）在上班途中，骑电动车正常行经××路、××路路口时，遭遇胡××（男，汉族，××市××有限公司驾驶员）驾驶的小客车（牌号为×A×××××）右转弯撞击，致使张××头部直接坠地及身体多处受伤，并致使她的电动车严重损坏。事故发生后张××被送往市第六人民医院，经门诊诊断，造成张××头部颅底骨折和耳聋等。后经××公安分局交巡警支队认定，胡××和××市××有限公司对上述事故承担全部责任，张××无责任（见证据1）。张××又于2013年12月18日，经××市市道路交通事故鉴定中心伤残评定，确认"道路交通事故致颅底骨折，遗留头痛、头晕，左耳功能障碍，属十级伤残"（见证据2）。又于2014年7月30日，双方不能达成一致意见，交警出具了道路交通事故损害赔偿调解终结书（见证据3）。

张××颅脑受伤，市第六人民医院于2013年5月9日曾出具入院通知书，要求张××应住院手术检查，但由于住院手术检查费用高达1万余元，且在当时张××经济窘迫而胡××和××市××有限公司拒绝作任何赔偿的情况下，张××不得不放弃了住院手术治疗的机会（见证据4）。现已造成张××留有后遗症，经常头痛、头晕、耳鸣等，不得不被原单位解雇，至今不能正常上班。综上所述，张××认为胡××和××市××有限公司给自己造成了严重的人身损害和经济损失，欲向××市××区人民法院提出诉讼，要求胡××和××市××有限公司赔偿医疗费、精神损害赔偿费、电动车损失费、律师代理费共计×××××元，本案诉讼费由胡××和××市××有限公司承担。本案有证据10份，共13页。

2. 根据以下材料拟写一份诉讼状。

2013~2014年，孙某在任安徽××农化集团有限公司驻苏州办事处销售经理期间，利用职务之便，多次收受××市化学有限公司给予的贿赂共计17万余元。孙某在任职期间，掌握了××农化集团的销售策略和销售价格等已采取保密措施的商业秘密。2014年12月，孙某擅自离开××农化集团，在同类企业××市××公司提出给其优厚待遇后，孙某即向该公司透露了××农化集团的商业秘密，致使××农化集团主要客户销售量明显下降，产品价格不正常下降，造成该公司经济损失达2828万元。以××农化集团有限公司的名义向××县人民法院提起诉讼，请求法院依法判处孙某犯公司、企业人员受贿罪、侵犯商业秘密罪。

第二节

上诉状

学习任务

掌握上诉状的写法和要求，拟写格式规范和内容要素齐全的上诉状。

任务背景

××法院接到何佳刚的起诉状后，经过一审，判决覃勇付医疗费、交通费、精神损害抚慰金等共计6500元。覃勇不服一审判决，向××法院提起上诉。

任务分析

一、上诉状的概念

上诉状是诉讼当事人或其法定代理人不服地方各级人民法院作出的一审判决或者裁定，

在法定期限内，依照法定程序，向其上一级人民法院提出请求撤销、变更原审判或重新审理的诉讼文书。

二、上诉状的特点

（1）上诉状是上诉人针对第一审人民法院的裁判提出全部或部分意见的文书。

（2）上诉状是上诉人请求更改原审裁判，以维护自己的合法权益的文书。

三、上诉状的类型

按案件性质分，有民事上诉状、刑事上诉状（刑事附带民事上诉状）、行政上诉状。

（1）民事诉讼当事人或其法定代理人，不服地方各级人民法院第一审案件的判决，在法定的上诉期限内按照法定的程序，请求上一级人民法院撤销或变更原审裁决或重新审理而提起的诉状，叫做民事上诉状。

（2）刑事上诉状（刑事附带民事上诉状）是刑事诉讼的当事人及其法定代理人，对地方各级人民法院的第一审刑事判决或裁定不服，在法定的上诉期限内依照法定程序向上一级人民法院提出上诉，请求撤销或变更原审裁判或重新审理而提出的书面请求。

（3）行政上诉状是行政诉讼当事人不服一审法院对行政案件做出的裁定或判决，在法定期限内依法向上一级法院提出上诉，要求撤销或变更原裁判的一种法律文书。

四、上诉状的作用

（1）上诉状是当事人保护自己合法权益的重要手段。

（2）上诉状是启动诉讼二审程序的前提，对推动二审法院改正错判或维持正确的裁决有着重要的作用。

（3）通过上诉审查，对于人民法院正确行使审判权和提高审判案件的质量都具有重要意义。

五、上诉状的结构与写法

上诉状主要回答的问题为：上诉谁、为什么上诉、上诉的事项、上诉人的要求、谁上诉、日期等。

上诉状主要由首部、正文、尾部、附项四部分组成。

1. 首部

首部包括标题、当事人（包括上诉人、被上诉人）的自然情况、案由等。

（1）标题　根据案件性质在文书顶端写明是什么性质的上诉状，如民事上诉状、刑事上诉状、行政上诉状。

（2）上诉人和被上诉人的自然情况　上诉人和被上诉人是自然人时，同起诉状一样，写出上诉人和被上诉人的姓名、性别、年龄、民族、籍贯、职业或职务、工作单位和住址八个要素。上诉人或被上诉人是法人或其他组织的则写明上诉人名称、所在地址、法定代表人（或主要负责人）姓名、职务和电话、企业性质、工商登记核准号、经营范围和方式、开户银行、账号。但要注意两点。一是在上诉人和被上诉人之后要注明其在原审中的地位，并用括号括住。如上诉人（原审原告或原审被告）：李××，男，××岁……。被上诉人（原审被告或原审原告）：张××，男，××岁……。二是民事案件、行政案件和刑事自诉案件中的原告和被告，自诉人和被告人，谁提出上诉，另一方就是被上诉人。而刑事公诉案件的被告人提出上诉，上诉状却只能写上诉人，而不能写被上诉人。因为不能把检察院的公诉人列在被上诉人的地位。

（3）案由　写明上诉人提出上诉的判决、裁定的案件名称、制作法院、制作时间及判决、裁定的编号，并表明上诉的态度。一般用下列程式语句："上诉人因……一案，不服××人民法院×年×月×日××字第××号的民（行或刑）事判决（或裁定），现提出上诉。上诉的请求和理由如下"由此引出上诉的理由和请求。

2. 正文

正文包括上诉请求、上诉事实与理由。

（1）上诉的请求　上诉请求是上诉人所要达到的目的，一定要说明具体的请求目的，是要求撤销原审裁判，全部改变原审的处理决定，还是要求对原审裁判作部分变更。想要达到什么目的，就要一针见血地提出来，不能含糊其辞。

（2）上诉事实与理由　这是上诉状的中心内容，因为上诉状重点是讲清上诉的理由，也就是说，要针对原审判决、裁定中的不当之处提出不服的理由。这部分的写作要考虑三个方面。

① 认定事实方面和证据方面　当某一案件的原裁判在所认定的事实不实或不清、不准、不当甚至全部错误时，上诉人要有针对性地反驳错误的认定，陈述正确的事实，举措有关证据，摆明其中道理，提出上诉理由（原审判决认定事实错误或证据不足）。

② 适用法律方面　上诉人认为原审判决在适用法律上有错误，可作为上诉理由，以备第二审人民法院审查（原审判适用法律不当）。

③ 适用程序方面　上诉人认为原审判违背程序法，在执行程序上存在问题，可作为上诉的理由（原审判违反程序法，在执行程序上存在问题）。

理由的具体写法，有的先把原判决书（或裁定书）中不妥或错误的原话引出来。有的把原裁决不妥或错误之处概括成一段话，然后有针对性地陈述理由，予以反驳。有的以讲述理由为主，结合着指明原审裁决的不当之处。

3. 尾部

上诉状的结尾包括三项内容。

（1）呈文或呈转对象。上诉状写好后，可以直接递交二审法院，也可以通过原审法院转交上一级人民法院。如果是前者，就写"此致××人民法院"，如果是后者，就写"×××人民法院（原审法院）转送××人民法院（二审法院）"。

（2）上诉人签名盖章。

（3）具状年月日。

4. 附项

按顺序依次列出：上诉状副本×份，书证×件，物证×件。如有证人，还要写出证人的姓名和地址等。

例文引路

例文 8-2

民事上诉状

上诉人：宋××，男，1965年8月7日生，汉族，农民，现住××市××区宋×镇××村。身份证号码：××××××××××××××××。

被上诉人：××市××区××镇××村民委员会。地址：××市××区××镇××村。

法定代表人：高××，职务：主任。

案由：财产权属纠纷。

上诉人因财产权属纠纷一案，不服××市××区人民法院(2014)通民初字第08664号民事判决，特向贵院提出上诉。

上诉请求：

一、撤销××市××区人民法院(2014)通民初字第08664号民事判决；

二、依法对本案进行改判，即驳回被上诉人的诉讼请求；

三、本案诉讼费用由被上诉人承担。

事实与理由

一、一审判决认定事实严重错误。

1. 一审法院对于诉争14间房屋的历史背景、产权更换、上诉人买得诉争的14间房屋所有权等重要法律事实未予查明，只简单听取被上诉人的一面之词，做出错误的定论，二审应予以重新全面审查。

2. 一审认定诉争的14间房屋及院落属于被上诉人的合法财产，无合法有效的事实与证据作为保障。被上诉人只提供存在争议的1986年1月20日联营合同、清理财产明细表等证据来主张上诉人侵犯其财产权，一审法院支持了其请求，是极为不妥的。上诉人有充分的证据证实上诉人享有诉争的14间房屋所有权，但一审法院要不不予接收证据材料，要不在一审判决中不予体现，明显偏袒被上诉人。

3. 一审判决对于举证责任的分配不合理。被上诉人作为本案原告应负绝对的举证责任，证明其完全是诉争的14间房屋的所有权者，否则应负举证不能的法律后果。而一审判决称上诉人并未提供其合法占有使用的相关依据，就认定上诉人侵害了被上诉人的财产所有权，加重了上诉人的举证责任，甚为不妥。二审法院应予更正。

二、被上诉人之诉远远超过诉讼时效。

一审认定上诉人于1985年实际占有使用诉争的14间房屋，若被上诉人认为诉争的14间房屋所有权归被上诉人，根据《民法通则》及最

（首部：标题）
（首部：上诉人和被上诉人的自然情况）
（首部：案由）
（正文：上诉的请求）
（正文：上诉的事实与理由）

高人民法院关于贯彻执行《民法通则》若干问题的意见（试行）的相关规定，被上诉人于2013年8月1日向上诉人主张返还诉争的14件房屋，已超过法定的诉讼时效期限，且不存在延长、中止、中断的法定情形，被上诉人不享有本案的胜诉权，法院理应驳回被上诉人的诉讼请求。一审中上诉人明确提出上述答辩意见，而一审法院未予审查，一审判决中只字未提，枉法裁判，请求二审法院以法律为准绳，重新查清被上诉人之诉所涉及的诉讼时效问题，直接驳回被上诉人的诉讼请求。

三、一审程序存在不当之处。

1. 从本案的事实及双方的观点、证据材料，可看出本案不属于《民事诉讼法》第142条规定的事实清楚、权利义务关系明确、争议不大的简单民事案件，不应适用简易程序审理。而一审法院不重视程序性法律规定，轻易采用简易程序审理本案，使本案实体处理的公正性无保障，望二审法院予以纠正。

2. 一审法院对于证据的采用极为不公，上诉人向一审法院提供证据证实上诉人享有诉争的14间房屋所有权，而一审法院无故不予接收，且一审法院口头答应上诉人对诉争14间房屋的现状进行勘查，而一审法院未予办理，严重影响案件的公平处理。

综上，被上诉人的诉讼无事实与法律依据，超过诉讼时效，法律不应予以保护，一审判决认定事实不清，证据不足，且本案程序存在不妥之处，望二审法院重新依法裁决。

此致
××市第二中级人民法院

> 结尾：呈文对象、上诉人签名盖章、具状年月日

上诉人：宋××
2014年9月1日

友情提示

上诉状写作的注意事项

（1）上诉状的写作要注意针对性　针对什么？就是要针对原审裁决。因为认为原审裁决不公或不合法才上诉的。为此，在写作上诉状时，要对原审的判决书或裁定书进行仔细研究，把足以影响定罪量刑或裁决的关键问题找出来，然后根据不同的问题采用不同的方法进行反驳，抓住要害，摒弃枝节，揭示实质，讲清理由。

（2）上诉状的写作应以阐述理由为主线　如果原审裁决在认定事实上和上诉人之间并无分歧，自然主要是针对原判的适用法律和诉讼程序方面的不当申诉理由。如果原审裁决在认定事实上有错误，当然在上诉状中首先要辨明事实，说明真相。但这种对事实真相的说明，根本目的还是为了阐明理由。事实是阐明理由的根据。所以，书写上诉状要注意处

理好事实和理由的关系。在阐述理由时应当注意：①上诉理由必须具有鲜明的针对性；②上诉理由必须据实依法说理反驳；③上诉理由更要注意恰如其分，力戒言过其实，无限上纲。

（3）上诉状写作的语言应注意分寸　上诉状是针对原审裁决申述理由的，具有驳论性质。但要摆事实讲道理，不能运用出格的语言伤害原审法院。这与写答辩状是不同的。答辩状当然也得摆事实讲道理，但针对的对象毕竟有所不同。

相关链接

上诉状的写作要求

（1）上诉状应在法定期限内递送，才具有法律效力　根据有关规定，当事人提出上诉的法定期限是：刑事案件属判决的为十天，属裁定的为五天；民事案件属判决的为十五天，属裁定的为十天。上诉期限从当事人接到第一审人民法院判决书、裁定书的第二日起算。

（2）抓住关键，有的放矢　上诉状要抓住一审判决存在的要害问题，有理有据、有的放矢地进行反驳，抓得准才能驳得有力，才能收到好的效果。

任务巩固

写作实训

假设你是上海××律师事务所的王律师，请根据以下材料，代××市×旅游发展有限公司写一份民事上诉状。

××市×旅游发展有限公司（地址：××市闵行区××路××号。法定代表人：黄××，总经理。电话：021-534343××）因华××（女，40岁，汉族，××市××制药厂职工，住××市普陀区××路××号×××室）诉××市×旅游发展有限公司侵权一案，不服××市闵行区人民法院于2014年7月5日［2014］民字第5438号民事判决，欲向××中级人民法院提起上诉。请求××中级人民法院撤销××市闵行区人民法院［2014］民字第5438号民事判决书；改判由原告自行承担脚部骨折引起的一切医药费用和误工损失。上诉理由是华××脚部骨折虽然是在乘坐我公司的旅游巴士时发生的，但是车厢内的乘客都可以证明，当时路况良好，巴士司机开车平稳，虽有小幅震荡，但完全属于正常行车状况。引起华××脚部骨折的直接原因并非是如她所说的："由于车厢剧烈震荡"，而是由于华××在乘车过程中与女友嬉戏，注意力分散，未尽到自身安全注意义务而造成的。对于这项事实，我公司提出新的证人：事发时坐在华××后排的乘客张××。

华××在一审时称我公司在事发之后未及时停车、协助原告采取治疗措施，导致原告伤情加重、治疗延误。但是，当时旅游巴士正行驶于沪青平高速公路上，根据《交通安全法》的规定当时是不能停车的，如果我公司巴士司机由于原告个人原因而违反《交通安全法》在高速公路上随意停车,则很可能对车上其他乘客的人身和财产安全带来威胁。况且,当时高速公路附近根本没有能够采取治疗措施的医院或卫生机构,巴士司机继续加速行驶四十分钟到达离事发地最近的上海市青浦区人民医院,然后协助原告下车治疗的措施是完全正确的选择。我公司巴士司机不仅没有延误原告的治疗时间,相反为原告最大限度地争取到了宝贵的治疗时间。根据以上事实,恳请上级人民法院查明事实,依法撤销一审判决,进行改判。本上诉状副本1份,新证据材料2份。

第三节 答辩状

学习任务

掌握答辩状的写法和要求,拟写格式规范和内容要素齐全的答辩状。

任务背景

何佳刚针对覃勇的上诉的事实、理由和根据以及请求事项,进行有的放矢地答辩,阐明自己的理由和要求,并提出事实和证据证实自己的观点。

任务分析

一、答辩状的概念

答辩状是指在诉讼活动中,被告人或被反诉人一方针对原告、自诉人或上诉人的起诉、自诉、上诉状内容进行答复和辩解的诉讼文书。

二、答辩状的特点

(1) 法定性　只有具有法定资格的人在法定期限内才有权提交答辩状。根据法律规定,只有被告或被上诉人在收到起诉状或上诉状副本后15日内有权提交答辩状。

(2) 辩解性　被告或被上诉人在答辩状中应针对原告或上诉人的诉讼请求、事实和理由进行具体的答复,有力地驳斥和有理的辩解。

(3) 客观性　答辩应尊重客观事实,所述事实应有相应证据材料予以证明。

三、答辩状的类型

(1) 按审级分,有一审程序答辩状、二审程序答辩状(被上诉答辩状)。

(2) 按答辩状的性质分，有民事答辩状、刑事答辩状（刑事附带民事答辩状）、行政答辩状。

四、答辩状的作用

(1) 有利于人民法院全面了解诉讼双方的意见、要求，以达到全面、公正地审理案件的目的。

(2) 有利于维护被告、被上诉人的合法权益。

(3) 充分体现了诉讼当事人权利平等的原则。

五、答辩状的结构与写法

答辩状主要回答：谁答辩、为什么答辩、答辩的事项、答辩人的要求、日期等。

答辩状由首部、答辩的理由和请求、结尾、附项四部分组成。

1. 首部

首部包括标题、答辩人的基本情况、答辩案由等。

(1) 标题　根据案件性质在文书顶端写明是什么性质的答辩状，如《刑事（或民事或行政）答辩状》、《刑事（或民事或行政）被上诉答辩状》。前者为第一审案件答辩状，后者为上诉案件答辩状。

(2) 答辩人的基本情况　被告人是公民的，就列写答辩人姓名、性别、年龄、民族、籍贯、职业、工作单位和住址。有代理人的，另起一行列写代理人，并标明是法定代理人，指定代理人，还是委托代理人，并写明其姓名、性别、年龄、民族、籍贯、职业和住址。如果是法定代理人，还要写明他与答辩人的关系。如委托律师代理，只写明其姓名和职务。

被告人是企事业单位、机关、团体（法人）的，先列写答辩人及其单位全称和所在地。另起一行列写该单位的法定代表人及其姓名、职务。再另起一行，列写委托代理人及其姓名、职务。

(3) 答辩案由　案由，写明因为何人上告何事提出答辩。一般用"现将×××为××一案上告我一事，答辩如下"，或"×××诉××一案，提出答辩如下"等语句表述。

2. 答辩的理由和请求

答辩理由是答辩状的重要组成部分。答辩人在答辩理由中要明确回答原告人、上诉人的诉讼请求，具体地阐明自己对案件的主张和看法。答复的内容有两种情况。

(1) 承认诉讼请求　即被告对原告所提出的请求愿意接受，这种情况在辩状中较为少见。更多的情况是被告人在答辩中承认诉讼请求是附有条件的，或往往只承认部分的诉讼请求。

(2) 反驳诉讼请求　即被告在答辩中提出充分的理由和证据，从事实上、法律上、程序上等方面反驳原告或上诉人的请求，也可以否定原告或上诉人所提出的证据。答辩状应根据不同案件决定不同的答辩内容。

理由写完之后，有的还应写明答辩请求，即经过归纳所形成的要求法院维护答辩人权益的意见，也有的在理由中即已体现。写不写，应据情而定。

3. 结尾

答辩状结尾包括三项内容。

(1) 呈送的机关。即答辩状呈交的法院名称，用"此致，××人民法院"句式表示。

(2) 右下方写明答辩人×××（签名或盖章）。

(3) 在答辩人下方写上具状年月日。
4. 附项
按顺序依次列出：本诉状副本的份数；书证、物证的名称、件数；必要时，此处还要列出证人的姓名、住址等。

例文引路

例文 8-3

民事答辩状 ——— 首部：标题

答辩人：王春香，女，52岁，汉族，××市人，市手表厂工人，现住××市西区文山路18号。身份证号码：×××××××××××××××××。 ——— 首部：答辩人的基本情况

因原告刘艳诉我继承纠纷一案，提出答辩如下。 ——— 首部：答辩的案由

1. 我对公婆尽了主要的赡养义务，依法有权继承遗产。原告在起诉书中诬告我对公婆未尽赡养义务，婆媳关系长期不和，事实恰恰相反。我自1980年嫁到刘家，1991年后丈夫、公公相继谢世。家人去世，我的精神受到严重打击，眼见婆婆年老体弱，小姑刘艳尚小，我不忍置老少于不顾，一直未婚。此后3口之家全靠我料理，关系很融洽。1994年年底原告出嫁，也是我一手操办。10年来，我与婆婆相依为命，对婆婆照顾周到，我守寡伴在婆婆身边，给了她极大的安慰，从未发生大的争执。家里的主要家务由我料理，房屋也是我请人修缮。由于我有工作要上班，婆婆有时主动干点家务也是正常的。2003年婆婆去世，我一人料理后事，原告在起诉状中诬告我只顾自己快活，要婆婆为我操持家务，以此证明我未尽赡养义务，实属居心叵测。倒是原告未对自己的母亲尽应尽的义务，长大结婚都是我与婆婆一手操办，婚后专顾经营自己的小家庭，对其母亲的生老病死漠不关心，人一过世就吵着要房子，是十分不道德的。根据我国《继承法》第12条的规定，丧偶儿媳对公公、婆婆尽了主要赡养义务的，应作为第一顺序继承人。我有权继承公婆的房产。 ——— 答辩的事实与理由

2. 关于遗产的分割，原告在起诉前曾要求房屋由她继承，我可以继续住在东屋，对此我坚决反对。我与原告同属第一顺序继承人，享有同等的继承权，但在考虑继承份额时，应根据权利义务相一致的原则和继承人对死者生前所尽义务的多少。我对公婆负担了全部赡养责任，尽了应尽的义务，理所当然应继承较大的份额，我要求继承堂屋与东屋（共计86米^2）。

总之，第一，原告父兄死后，我担负了养家的重担；第二，我对婆婆尽了全部赡养义务；第三，我负责对房屋进行了必要的修缮。请人民

法院查明事实，并根据《继承法》第12条规定之精神和权利义务相一致的原则，对我的继承权加以确认和保护，并驳回原告的无理请求。

此致

××市西区人民法院

　　附：本答辩状副本×份

答辩人：王春香
2014年2月18日

> 答辩的请求

> 尾部：答辩状呈交的法院名称、答辩人签名、具状年月日

友情提示

答辩状写作注意事项

（1）答辩状应具有针对性、客观性、恳切性。所谓针对性，即在制作答辩状之前，一定要认真研究诉状的请求、事实和理由，抓住要害问题进行答辩；所谓客观性，系指一定要遵循实事求是的原则，不空发议论，不强词夺理；所谓恳切性，指在反驳时，注意摆事实、讲道理，所述理由要合理合法，避免生硬、武断。

（2）上诉案件的被上诉人，一般是在一审裁判中胜诉一方，答辩应立足于支持、维护第一审的判决和裁定，以达到维护已经取得的胜诉权的目的。被上诉人应针对上诉人在上诉状中指责裁判不当的内容，提出确实、充分的证据和法律依据，给予有力的驳斥。

（3）运用逻辑推理的方法来阐述答辩理由。运用逻辑推理的方法反驳对方，要求做到：一要尊重客观事实，有理有据；二要抓住关键，即抓住争执的焦点，抓住影响胜诉与败诉的关键性问题进行反驳；三要尖锐犀利，即抓准诉状中的"破绽"，集中反驳，做到语意中肯，切中要害。

相关链接

答辩状的写作要求

（1）要有针对性　原告人或上诉人在诉状或上诉状中列出的事实和理由，是其提出诉讼请求的论据，驳倒其所列论据，他的请求自然不能成立。因此，答辩状一定要有针对性，针对对方提出的事实和理由进行辨析和反驳。切不可抛开对方提出的问题另做文章。

（2）要尊重事实　事实是判案的基础。事实是客观存在的，如原告无理，就一定会歪曲事实或者隐瞒事实真相。答辩状对此最有力的反驳，就是揭示事实真相情况，并列举出证据。原告有时采用避重就轻、为我所用的办法陈述事实，答辩状要准确进行揭露，把不利对方的事实部分突出出来。如果原告尊重客观事实，真实反映事实真相，答辩状就应承认，决不能无理狡辩。

（3）要熟悉法律　法院判决和裁定，以法律为准绳。撰写答辩状应当熟悉并熟练运用

有关法律条文，使自己的理由和主张建立在合法的基础之上。同时，要揭露起诉状或上诉状中引用法律上的谬误，指出其行为的不合法性。"打官司"就是在弄清事实的基础上，让法院判断谁的行为合法，谁的行为违法。

（4）要抓住关键　一个案件常常涉及许多人和事，时间跨度可能很大，但无论多么繁冗复杂，总有一个或几个关键部分。撰写答辩状是针对起诉状或上诉状的诉讼请求而进行的答复和反驳，应当避开枝节，抓住双方在案件中争执的焦点，在关系到胜诉和败诉的关键问题上下功夫，争取主动。这就要求答辩状的撰写者，充分研究事实，掌握证据，分清主次，言简意赅，语语破的。

（5）要尖锐犀利　"打官司"要赢，关键是要有理合法。在有理合法的前提下，语言要讲究尖锐犀利。尖锐犀利不等于挖苦骂人，而是要深刻准确地揭露对方，理直气壮地陈述己见，语言精练，不拖泥带水，具有一种战斗性。

（6）要善于概括　答辩状在进行答复和反驳后，要正面提出对诉讼事实焦点的主张和看法。这一部分要高度概括，用精练准确的语言归纳出答辩人的观点。这需要高度的概括能力，必要时可以分条表述。

任务巩固

写作实训

小王拿某银行卡在自动取款机上取款，银行卡不知何故卡在取款机里，一时不知如何是好的小王急忙求助于旁边等待取款的人帮忙，也没能取出。小王赶紧拨打银行的服务电话，可是电话总是占线，十五分钟后，小王才接通银行电话报了挂失，可银行告知小王卡上的现金五分钟前已被人取走。小王一气之下将银行告上了法庭。

请你代银行方面写一份答辩状。

第四节

申诉状

学习任务

掌握申诉状的写法和要求，拟写格式规范和内容要素齐全的申诉状。

任务背景

××人民法院接到覃勇的上诉状后，在法定期限内，依照法定程序开庭，维持原判。覃勇对已经发生法律效力的判决不服，向原审的××人民法院提出申请重新审理。

任务分析

一、申诉状的概念

申诉状是民事、刑事诉讼或行政诉讼中的当事人、被害人及其家属或其法定代理人对已经发生法律效力的判决、裁定不服，向人民法院或人民检察院（只有刑事申诉可以向人民检察院提出）提出申请重新审理予以复查纠正的书面请求。

二、申诉状的类型

按案件的性质分，有民事申诉状、刑事申诉状（包括刑事附带民事申诉状）、行政申诉状。

（1）民事申诉状是指民事案件的当事人、法定代理人或其他公民，对已生效的判决或裁定不服，或认为有错误，在判决、裁定生效两年内，向原审人民法院或上级人民法院提出申诉，请求再审的法律文书。

（2）刑事申诉状（包括刑事附带民事申诉状）是指刑事申诉当事人、被害人及其家属或其他公民认为已经发生法律效力的判决、裁定，在认定事实或使用法律上确有错误，而向人民法院或人民检察院提出的要求复查纠正的法律文书。

（3）行政申诉状是指行政诉讼当事人对已发生法律效力的判决、裁定不服，向原审人民法院或上级人民法院提出申诉，请求重新审理的法律文书。

三、申诉状的作用

（1）维护法律的尊严　人民法院的判决和裁定发生法律效力之后，必须严格执行。判决、裁定的严肃性和稳定性必须维护。这对于维护法律在群众中的威信，维护法律的尊严，是十分必要的。但是，如果发现生效的判决或裁定确有错误，那么，当事人或其他有关人员使用申诉状提出申诉，实事求是地要求纠正错误，也是必要的。因为实事求是，有错必纠，是我国审判活动中必须遵循的一项原则，必须按照审判监督程序对错误加以改正。这样做，更有利于维护人民法院的判决、裁定的严肃性，更能提高人民法院判决和裁定在人民群众中的威信。

（2）维护申诉人的合法权益　申诉状是运用特殊程序保护申诉人合法权益的诉讼文书。用书状申诉的一种形式，是当事人和其他有关人员的诉讼权利的体现。这也是人民法院对于已经发生法律效力的错误判决或裁定，或所认定的事实或运用的法律确有错误时，进行重新审判的一种特殊的诉讼程序。

四、申诉状的结构与写法

申诉状主要回答：谁申诉、为什么申诉、申诉的事项、申诉人的要求、日期等。

申诉状的结构由首部、正文、尾部和附项四部分组成。

1. 首部

首部包括标题、当事人自然情况、申诉案由。

（1）标题　根据案件性质在文书顶端写明是什么性质的申诉状，如《刑事申诉状》、《民事申诉状》或者《行政申诉状》。

（2）当事人自然情况　提出申诉的当事人称"申诉人"，未提出申诉的一方称为"被申诉人"，应写明申诉人的姓名、性别、年龄、民族、籍贯、职业、工作单位和住址，以及被申诉人的身份概况。刑事公诉案件的申诉状，只有申诉人，没有被申诉人。

（3）申诉案由　按下面规范文字表述："申诉人×××对××人民法院×年×月×日（×）字第×号刑（民）事（行政）判决（裁定）不服，提出申诉。"

2. 正文

正文包括请求的事项、申诉的理由。

（1）请求的事项　简明扼要地写明请求人民法院（或人民检察院）予以解决何问题，说明原来的处理有何不当，要求给予撤销、变更的意见，以供人民法院或人民检察院审查时考虑。写法为"请××人民法院撤销（或变更）原判决（或原判定、决定）"、"予以改判（或重新审理）"。请求事项若有两项以上，应分别列项书写。

（2）申诉的理由　写明申诉的事实依据和法律依据，应针对原终审判决认定事实、适用法律或审判程序上存在的问题和错误陈述理由。

首先明确而具体地写出生效判决、裁定的错误，然后针对指出的错误，全面、客观、准确地陈述案件的有关事实，具体列出有关人证、物证、书证以及要害的证据线索；也可以先简要阐述案情，然后依据事实指出原裁判的错误。根据有关法律条款的规定，在归结事实的基础上，简要剖析生效裁判在认定事实方面的不准确，在适用法律方面的不妥或在诉讼程序方面的不当。

3. 尾部

申诉状结尾包括三项内容。

（1）申诉状致送机关名称。用"此致×××人民法院"、"此致××人民检察院"、"此致××人民法院（原审法院）转送××人民法院（上一级人民法院）"等语句表达。

（2）在右下方由申诉人署名或盖章。如系律师代书，还应在申诉人姓名之后写明"代书人：×××律师事务所律师×××"。

（3）在申诉人下方写上具状年月日。

4. 附项

（1）原审判决或裁定书副本。

（2）有关证据材料　如物证、书证的名称及数量，证人姓名、住址等。

例文引路

例文 8-4

民事申诉状 ← 首部：标题

申诉人：王××，女，××岁，××省××县人，××县××村××厂合同工。住××县××路30号。身份证号码：××××××××××××××××。 ← 首部：当事人基本情况

被申诉人：覃××，男，××岁，住××省××县××路135号。身份证号码：××××××××××××××××××。

申诉人因房屋产权一案，不服××省××县××人民法院(××)民终字第××号民事判决。现依法提出申诉。申诉请求及理由如下。 ← 首部：申诉案由

申诉请求：请求依法改判，保护公民合法财产。 ← 正文：申诉请求

申诉事实与理由：

1. 我和余××婚姻关系存续期间所住的房子，房款是我独自筹措，也是我独自承担偿还的，有债权人吴××、马××证明。

2. 买房子时，我的丈夫，对方当事人的父亲余昌富公开表态：不与我共买此房。我坚持要买，故请刘××代写了不愿共买房的声明。声明内容请见代写人刘××的书面证明。 ← 正文：申诉事实与理由

3. 一审法院只是简单地认定了事实，援引法律条文，对我提出的证人证言则不加调查，不作分析。这样主观武断地认定案件事实、作出的判决是不能使人信服的。

4. 夫妻关系存续期间所得财产，应理解为包括双方或一方的劳动所得。如属这样的性质，其产权应归夫妻所共有。我买的房子虽在婚姻关系存续期间，但买房用款是由我个人借债来支付的，还债则是在我丈夫死后，靠我个人的劳动所得偿还的。一审法院引用我国《婚姻法》第13条，只讲"夫妻在婚姻关系存续期间所得财产，归夫妻共同所有"，不提该条的最后句"双方另有约定的除外"，是不适当的。

以上理由陈述，敬请地区中级人民法院按审判监督程序调卷审理，依法判处，以维护法制，保护公民合法财产。

此致

×××地区中级人民法院

申诉人：王××

××××年×月×日

← 尾部：申诉状致送机关名称、申诉人署名、申诉状日期

附：

1. 原审判决书副本一份。
2. 证明材料4份。
3. 房产影印本一份。

← 附件：原审判决或裁定书副本、有关证据材料

友情提示

申诉状写作注意事项

（1）突出主要矛盾，理由阐述准确　申诉人不服原审法院的裁判，其申诉理由必须针对原判认定的事实和结论，将自己不服判定的论点明确写出。

（2）逻辑严密，反驳有力　在摆出不服原判的论点后，充分运用事实论据进行说理、反驳及论证。论点与论据要一致，原因和结果、前提和结论吻合。

（3）结构严谨，层次分明。

（4）措辞准确，语言规范。

相关链接

上诉状与申诉状的区别

申诉状和上诉状的性质和目的是相同的，都是对原审判决或裁定不服，要求重新审判或裁定，以纠正错误。但两者是两种不同的诉讼书状，它们的区别如下。

（1）制作主体不同　上诉状的制作主体是具有法定身份的人，刑事上诉状的制作主体是当事人和他的法定代理人。民事上诉状的制作主体是当事人、第三人和他们的法定代理人。刑事申诉状的制作主体是自诉案件的当事人、公诉案件的被害人及其法定代理人，也可以是其他公民、社会团体、组织等。民事申诉状的制作主体是当事人、法定代理人、利害关系人等。

（2）所针对的原审判决或裁定的实施情况不同　上诉状是针对未发生法律效力的一审判决和裁定提出的。而申诉状是针对已经发生法律效力的判决和裁定提出的。

（3）提出的时限不同　上诉状必须在规定的上诉期限内提交才具有法律效力，超过期限者无效。而申诉状的撰写和提交没有时间限制。提交申诉状后，原判决或裁定虽然不能停止执行，但可以在判决、裁定执行中的任何时间提出申诉状。

（4）呈送的对象有区别　上诉状只能向原审人民法院的上一级人民法院呈送（可通过原审法院转送）。而申诉状既可向原审法院呈送，也可向上一级法院呈送，还可提交人民检察院。

任务巩固

写作实训

指出下面申诉状的错误并改正。

申诉状

申诉人：张××，男，21岁，汉族，原系××市××机修厂工人，现住××市×路×号。

申诉人张××现提出申诉。

申诉事实与理由：201×年×月×日，我被××市××区人民法院按伤害罪，以[201×]刑字第××号判决书判处有期徒刑三年。原审所认定的我于201×年×月×日持水果刀将王××手臂刺伤的情况是事实。但是有如下两点不当。

1. 判决书认定的某些事实不清。×月×日晚，因我家与王家发生纠纷，王家兄弟两次冲入我家先动手打人，将我打成右眼下部皮肤裂伤。这些情节在判决书中只字不提，不符合"以事实为依据"的审判原则。

2. 定性不准，处理不当。我与王××同住一层楼，是邻里关系。张、王两家发生的只是邻里纠纷。双方在扭打中互有伤害，且事后我主动到派出所认错，并拿出一千元作为对方的医药、营养费的补偿，还作了书面检查。本来完全可以调解处理。可是我却被你院以伤害罪判处有期徒刑三年，不符合"以法律为准绳"的审判原则。

为此，特请求人民法院对我的案件重新审查，予以纠正。

此致
××市××区人民法院

××××年×月×日

第九章
科技应用文

科技应用文是人们用于科学技术、学术研究和科技管理方面的应用文。包括实验报告、科学小品、毕业论文等。

本章学习科技应用文中的实验报告、毕业论文。

通过本章的学习,你将能够:

* 了解实验报告、毕业论文的概念、特点、类型、作用;

* 理解实验报告、毕业论文格式和写作要求;

* 掌握实验报告、毕业论文的写作方法,能撰写实验报告、毕业论文。

第一节
实验报告

学习任务

掌握实验报告的写法和要求,拟写格式规范和内容要素齐全的实验报告。

任务背景

黄永富到了飞翔职业学校后,在学习物理、化学、电工、电子等课程时,时常要做实验,实验结束后,老师都要布置学生写实验报告。黄永富不知道如何写实验报告,他请教班上的同学,同学也不会写实验报告。于是他们找到了教语文的谭老师,谭老师给他们讲了实验报告的概念、特点、类型、结构和写法后,问他们知道怎样写了吗?黄永富和同学回答:

"知道了。"谭老师说:"下周你们的电工课又要做实验了,你们把写好的实验报告拿给我看看。"黄永富和同学回答:"请谭老师放心,我们一定写格式规范和内容要素齐全的实验报告交给您。"

任务分析

一、实验报告的概念

实验报告,是指在某项科研活动或专业学习中,实验者把实验目的、方法、过程、结果等记录下来,经过整理,写成的书面报告。

二、实验报告的特点

(1) 它是如实记载实验现象和结果的书面报告,其写作顺序也就是实验项目的先后顺序。

(2) 它的行文及文章结构有较为固定的格式,很多实验有事先印制的《实验报告》表格以供实验者逐项填写。

(3) 它的语言专业化,常用图表、符号代替文字说明,并较多的使用专业术语。

三、实验报告的类型

实验报告的种类很多,按不同的标准可以划分为不同的类型。

(1) 按实验的对象分,有化学实验报告、物理实验报告、电子实验报告、生物实验报告、电工实验报告等。

(2) 按实验的目的分,有检验型实验报告、创新型实验报告。

四、实验报告的结构与写法

实验报告主要回答:实验的项目、谁做实验、实验的过程、实验的结果、日期等。

一份完整的科技实验报告,一般应包括这几个项目:标题、作者及单位、摘要与关键词、前言、正文、结论和讨论、参考文献。

1. 标题

实验名称。它是实验内容的高度概括,力求醒目,集中反映该实验研究的内容。

2. 作者及单位

作者是指该实验的制作者和承担主要工作、做出重要贡献的参与者。应按其贡献大小先后排列,同时署上工作单位、所属地区及邮编。

3. 摘要与关键词

摘要是全篇内容简要概括;关键词也称主题词,往往从实验的目的、条件、方法和所产生的变化效应方面进行提炼,多以名词或名词词组出现。

4. 前言

即序言,简要说明此项实验的目的、范围、理论分析和依据、研究方法和实验方案等。

5. 正文
包括实验原理和设备、实验方法与步骤、实验结果和结论等。

6. 结论和讨论
结论就是根据实验结果所做出的最后判断,指出通过实验证实了某一理论。讨论包括对思考问题的回答,对异常现象和数据的解释,对实验方法及装置提出改进意见等。

7. 参考文献
详细注明进行此实验过程中参考的资料与文献。

例文引路

例文 9-1

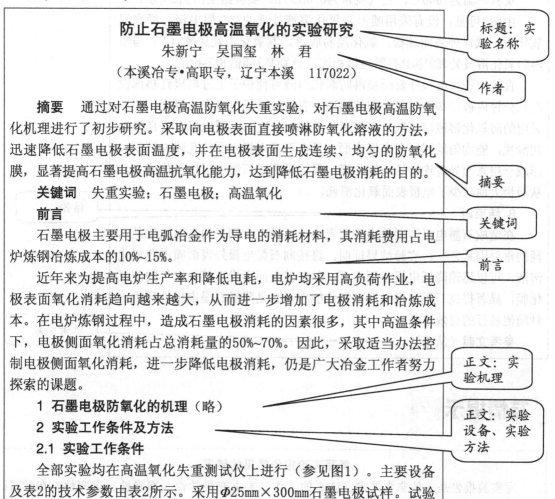

防止石墨电极高温氧化的实验研究

朱新宁　吴国玺　林　君

(本溪冶专·高职专,辽宁本溪　117022)

摘要　通过对石墨电极高温防氧化失重实验,对石墨电极高温防氧化机理进行了初步研究。采取向电极表面直接喷淋防氧化溶液的方法,迅速降低石墨电极表面温度,并在电极表面生成连续、均匀的防氧化膜,显著提高石墨电极高温抗氧化能力,达到降低石墨电极消耗的目的。

关键词　失重实验;石墨电极;高温氧化

前言

石墨电极主要用于电弧冶金作为导电的消耗材料,其消耗费用占电炉炼钢冶炼成本的10%~15%。

近年来为提高电炉生产率和降低电耗,电炉均采用高负荷作业,电极表面氧化消耗趋向越来越大,从而进一步增加了电极消耗和冶炼成本。在电炉炼钢过程中,造成石墨电极消耗的因素很多,其中高温条件下,电极侧面氧化消耗占总消耗量的50%~70%。因此,采取适当办法控制电极侧面氧化消耗,进一步降低电极消耗,仍是广大冶金工作者努力探索的课题。

1　石墨电极防氧化的机理(略)

2　实验工作条件及方法

2.1　实验工作条件

全部实验均在高温氧化失重测试仪上进行(参见图1)。主要设备及表2的技术参数由表2所示。采用$\phi 25mm \times 300mm$石墨电极试样。试验前,全部试样在干燥箱内吹氩恒温进行干燥处理,充分去除试样内的水分。

(图1、图2及表2略)

2.2 实验方法

按照石墨电极在冶炼过程中的工作状态，热态模拟石墨电极在电炉内氧化过程采取直接向电极表面喷淋防氧化溶液的方法。迅速降低电极表面温度，使高温抗氧化物质充填在电极表面的孔隙中，减少氧化反应界面积。在电极表面形成连续均匀的防氧化膜，阻止炉内氧化性气体侵入电极表面，延缓电极氧化反应时间，提高电极的抗高温氧化能力。采用正交实验方法优化选择防氧化溶液，确定最佳配比，寻求简便易行的最佳工艺制度及参数。实验过程中防氧化溶液由炉子上部喷淋环中以向下呈45°角向电极外表面连续进行喷淋。不断观察石墨电极外部防氧化层形态。

2.3 实验结果及分析 ——— 正文：实验结果

实验炉温为1000℃，空气流量为$0.08m^3/h$，实验结果由图2所示。

由图2可见，没有采用喷淋防氧化溶液处理的3#石墨电极，经高温氧化后，试样外表面疏松，氧化层易脱落，其氧化消耗速率（V）与喷淋防氧化溶液处理2#和1#石墨电极相比，分别高2~5倍和5~6倍。

直接向石墨电极外表面喷淋防氧化溶液可使炉子上方电极红热部位在几分钟内被冷却至黑色，即能迅速、有效地降低电极表面温度。喷淋采用的防氧化溶液熔点低，高温下不易挥发，它与石墨电极具有良好的润滑性，能均匀地铺展在电极表面，且在石墨电极表面的孔隙内沉积，形成一层表面光滑连续的防氧化膜，显著提高了石墨电极抗氧化能力，从而极大地减少了电极表面氧化消耗。

3 结束语 ——— 结论

在造成石墨电极消耗的诸多因素中，石墨电极侧表面高温氧化是消耗的重要因素之一。实验结果证明，直接向石墨电极外表面喷淋防氧化溶液，可以迅速降低电极表面温度，并在其表面形成连续、均匀的防氧化膜，显著提高石墨电极高温抗氧化能力。它是降低石墨电极消耗的一种简便易行的有效途径。

参考文献（从略） ——— 参考文献

友情提示

撰写实验报告常见的错误

写实验报告是一件非常严肃、认真的工作，要讲究科学性、准确性、求实性。在撰写过程中，常见错误有以下几种情况。

（1）观察不细致，没有及时、准确、如实记录　在实验时，由于观察不细致、不认真，没有及时记录，结果不能准确地写出所发生的各种现象，不能恰如其分、实事求是地分析各种现象发生的原因。故在记录中，一定要看到什么，就记录什么。不能弄虚作假。为了印证一些实验现象而修改数据、假造实验现象等做法，都是不允许的。

（2）说明不准确或层次不清晰　比如，在化学实验中，出现了沉淀物，但没有准确地说明是"晶体沉淀"，还是"无定形沉淀"。说明步骤，有的说明没有按照操作顺序分条列出，结果出现层次不清晰、凌乱等问题。

（3）没有尽量采用专用术语来说明事物　例如，"用棍子在混合物里转动"一语，应用专用术语"搅拌"较好，既可使文字简洁明白，又合乎实验的情况。

（4）外文、符号、公式不准确　没有使用统一规定的名词和符号。

相关链接

科技实验报告的撰写步骤

（1）明确地写出实验名称、目的和原理。
（2）分类登记实验器材。
（3）分条写出操作步骤。
（4）根据实验目的和原理设计实验装置。
（5）仔细观察和如实记录实验过程及结果。
（6）分析或计算实验结果，得出结论。
（7）将以上步骤所作的记录依次全面整理、核实、誊正。

任务巩固

写作实训

根据科技实验报告的写作要求，结合本专业的实验，写一篇实验报告。

第二节　毕业论文

学习任务

掌握毕业论文的写法和要求，拟写格式正确、用语规范、条理清晰、论证充分的毕业论文。

任务背景

飞翔职业学校 2015 届毕业生，最近很纠结，因为很多学生是套读大专的，在中职学校即将毕业的时候，他们也将迎来大专毕业的日子。但还有一关是最难过的，那就是写毕业论文。一听到毕业论文这个词，很多学生都觉得很可怕，很畏惧。不敢写，怕写不出。

学校请××大学张教授讲授《怎样写毕业论文》。最后，张教授说："其实写好毕业论文不是很难，关键是自己是不是用心去写，写论文最大的忌讳就是浮躁，写论文只要自己定好目标，按照自己的想法和步骤去做，明确论文要写的课题，定好论文大纲，搜索需要的文献资料，合理地加入自己对事物的一些观点，就可以。论文并没有想象中的那么可怕。"

听完讲座后，同学们决心通过撰写论文的形式，将在校学习的情况、阅读的能力、分析和解决问题的能力、语言表达能力、文字表达能力的水平反映出来，为三年的人生经历画上一个完整而美好的句号！

任务分析

一、毕业论文的概念

毕业论文是高等院校应届毕业生针对某一问题，运用本专业的基础理论和技能，进行研究后写出的发表自己学术见解的文章。

二、毕业论文的特点

（1）学术性　能对某一专业领域中繁杂凌乱的资料文献与理论研究状况进行分析、归纳；能够从中找出以往研究所存在的问题和不足，并能提出自己的想法与相应的对策。

（2）科学性　研究内容准确，思维缜密，结构合乎逻辑。材料的收集、整理、分类、取舍科学，写法讲究，结论可信。

（3）规范性　在篇幅、格式、文献、内容、装潢等方面有特殊的要求。

（4）创新性　不抄袭，不照搬，不人云亦云，提倡创造，文章写得深刻、新颖，不新奇怪谬。在前人论述的基础上有所拓展、延伸；赞成/反对某一理论/观点；对某一阶段、某一学术领域的研究状况作综合归纳，予以综述；纠正前人研究出现的错误或弥补其不足。

（5）学习性　在总结前面所学的基础上，还要学习更多的知识，掌握更多的学习方法，提高科学研究能力。

（6）独立性　相信自己，依靠自己，自己动手选题、查找资料，在大量占有资料的基础上通过归纳、综合、比较，找出规律性的东西来，得出结论。独立思考，独立撰写。

三、毕业论文的类型

（1）根据学位等级的不同，毕业论文可分为学士学位论文、硕士学位论文和博士学位论文。

(2) 根据专业的内容和性质的不同，毕业论文可分为社会科学类毕业论文和自然科学类毕业论文。

(3) 根据研究方法的不同，毕业论文可分为理论性论文、实验性论文、描述性论文和设计性论文。

(4) 根据议论的性质不同，毕业论文可分为立论文和驳论文。

(5) 按照研究问题的大小，毕业论文可分为宏观论文和微观论文。

(6) 按照综合型方法分类，毕业论文可分为专题型、论辩型、描述型和综述型。

四、毕业论文的结构与写法

毕业论文主要回答：研究什么问题、为什么研究、怎么研究、研究出什么等。

一般毕业论文由标题、摘要、关键词、正文、参考文献五方面内容构成。

1. 标题

论文的标题用简洁恰当的词组反映论文的特定内容，标题要求直接、具体、醒目、简明扼要，有概括性，字数不宜超过 20 个字。

2. 摘要

摘要也称为论文提要，是以浓缩的形式概括论文的内容。摘要要有高度的概括力，语言精练、明确，中文摘要的字数控制在 100～200 字。

3. 关键词

从论文标题或正文中挑选 3～5 个最能表达主要内容的词作为关键词。

4. 正文

正文是毕业论文的核心内容，包括前言、本论、结论三个部分。

前言是论文的开头部分，主要回答为什么研究，介绍论文背景、相关领域研究历史与现状，说明论文写作的目的、现实意义、对所研究问题的认识，并提出论文的中心论点等。前言要写得简明扼要，篇幅不要太长。

本论是毕业论文的主体，主要回答怎么研究，包括研究内容与方法、实验材料、实验结果与分析（讨论）等。在本部分要运用各方面的研究方法和实验结果，分析问题，论证观点，尽量反映出自己的科研能力和学术水平。

结论是毕业论文的收尾部分，要回答研究出什么，是围绕本论所作的结束语。其基本的要点就是总结全文，加深题意。

5. 参考文献

在毕业论文末尾要列出在论文中参考过的专著、论文及其他资料。

例文引路

例文 9-2

中职学校校园文化与企业文化的对接 ——（标题：反映论文的特定内容）

黄玉珊

【摘要】校园文化与企业文化的对接和融合可培养学生的企业意识和职业习惯，形成正确的职业观。实现办学与就业市场零距离对接。本文简述了中职学校校园文化与企业文化的对接和融合方法和措施。 ——（摘要：概括论文的内容）

【关键词】校园文化　企业文化　对接和融合 ——（关键词：最能表达主要内容的词）

一、问题的提出

根据对企业的调查，企业对中职学校毕业生在本单位存在的问题有：

不少的毕业生在企业上岗时面对全新的企业文化氛围，心理准备不足，不适应一线的工作岗位"下不去"，所学知识和工作实践脱节"用不上"，不习惯企业的管理方法"留不住"。或遇到新工作环境稍差，或遇到一些困难，就离开了企业。

究其原因，不是他们欠缺胜任职业岗位的知识和能力，而是职业意志薄弱和职业态度淡漠以及专业素养不够，缺乏与人交流、与人合作的能力，无法在企业的环境里找准自己的位置，很好地发挥自己的专业技能。而这些问题的根源在很大一部分程度上，是中职校园文化建设脱离中职培养目标，未能体现中职特色，在校园文化的建设中没有与企业文化交融和接轨，学生很难通过校园文化感受到企业文化。 ——（正文前言：介绍论文背景）

二、校园文化与企业文化对接和融合的方法和措施

1.在校企合作中加强对校企文化对接与融合

（1）走出去实践，引进企业文化，丰富校园文化的内涵

如何使企业文化的精髓转化为学生的内在素质，师资队伍的建设是关键。一些中职学校安排教师到企业进行生产实践锻炼，让教师与企业实现"零距离"接触，深入企业，感受企业文化，了解企业发展对技能型人才的需求，像研习专业技术一样研习企业文化，成为企业文化的传播者。回校后在教学过程中将企业管理和企业文化引入课堂，使学生在学校课堂中就接受到企业文化的熏陶，提升职业素养。 ——（正文本论：分析问题，论证观点）

一些中职学校组织学生到企业进行参观实习、工学交替、顶岗实习，让学生置身于企业生产第一线，融入企业员工之中，了解企业员工的职业素养和操作技能，直接接触企业，感受企业文化，体验企业文化。通过让学生亲身体会企业与企业之间、企业中人才与人才之间激烈竞争的现实，培养学生积极进取和竞争意识，体验企业的竞争压力与职业责任，让学生切身感受专业知识、技能在企业的生产经营中所发挥的巨大作用，清醒认识没有一技之长的中职学生在激烈的人才

竞争中是很难有"立足之地"的现实，从而自觉地树立强烈的危机感、严肃的使命感和时不我待的紧迫感。

（2）请进来教学，弘扬企业精神文化

一些中职学校诚邀企业精英为校园文化建设出谋划策，征求企业精英对校园文化建设的意见和想法，引进具有丰富实践经验的技术人员参与实训教学。让学生在技能训练中掌握企业对员工基本素质、职业素养、操作技能等方面的要求，使学生在平时的学习之中按企业的要求来规范自己的言行，置身于企业的发展和要求之中。聘请企业管理者、行业劳模等到校给师生进行企业文化和规章制度教育讲座，促进校园文化与企业文化的交融和对接，通过就业创业教育、介绍企业文化、行为规范等活动，使学生领略企业文化的内涵，加强对企业的认识。培养学生的主人翁精神和敬业精神，为顺利实现由学生到企业员工的角色转换打下基础。

2.在学校管理中加强对校企文化对接与融合

（1）班级管理与企业对接，融合企业文化

一些中职学校在班级管理中，结合专业特色，以企业的形式来管理班级，班主任是厂长或经理，下设车间主任和各级班组，以企业的名称命名班"总经理（班长）负责制"管理，按照企业的制度制订班级制度公约，学习企业的管理手段，每天组织晨会进行工作总结和点评。

（2）在实训管理中引进企业管理模式，促进校企文化融合

一些中职学校为了实现毕业生零距离就业，引进了企业管理模式，让学生在学校学习期间就熟悉、了解企业管理的特点，逐步适应企业的管理要求。

首先是营造企业生产制造文化氛围，把学校实验、实习（训）室包装成企业的"车间"，尽可能与生产、建设、管理、服务第一线相一致，按照企业生产要求张贴安全标语、生产操作流程、安全操作规程，营造真实的企业生产训练环境。使学生踏进实验、实习（训）室就仿佛置身于企业生产车间之中，在潜意识中融入企业。

其次是提升专业氛围，让学生把自己看做是企业的一员，统一穿上工作服，戴上安全帽，带上工具包，凭工作卡进出车间，培养学生的企业意识和职业习惯。

第三是营造从严管理的良好氛围。实验、实习（训）中制订严格的劳动纪律管理制度，按企业的要求制订准时考勤制度、早会制度、交接班制度、安全责任连带制度等，严格按照企业标准进行管理，使学生在学校就感受到企业的严格管理，适应企业的管理制度。

第四是推行"7S管理模式"（整理、整顿、清扫、清洁、素养、安全、节约）。我校在遵循学校管理规律的基础上，借鉴企业采用的"7S管理模式"，按这个模式的标准来要求实验、实习（训）班级。使学生感受和领悟企业文化和管理要求，为将来学生的零距离就业、为企业高素质员工的培养打下坚实的基础。

3.在环境建设中营造浓郁的企业文化氛围

将企业文化的有关元素有机渗透到校园文化建设之中，在校园内营造浓烈的企业文化氛围。一些中职学校在学校围墙、教室、实训场地、楼道、甬路两侧、宿舍、食堂、

公共区域等位置，悬挂或张贴优秀毕业生、创业明星等为内容的宣传画、企业的优秀标语等。通过这些布置，宣传企业的管理理念、企业制度、行业质量标准和企业的远景规划等。使校园环境布置体现企业文化特色。让学生耳濡目染企业文化，在潜移默化中接受企业文化的熏陶。加深学生对企业的认识和热爱，促进学生人文素养和专业技能的提升。

4. 在课堂教学中渗透企业文化

在课堂教学中渗透企业文化，是实现校园文化与企业文化对接和融合的重要渠道。一些中职学校利用课堂教学主渠道对学生进行职业道德、企业文化专题教育。在介绍企业文化理论知识的同时，也教给学生适应、融合企业文化的方法。例如开设企业文化课程，用海尔"无私奉献，追求卓越"的文化精神和"高标准，精细化，零缺陷"的管理战略，对学生进行职业道德、企业文化教育。任课教师结合学科教学的内容有意识地融入职业道德、企业文化的内容。例如结合学科教学的内容有意识地把海信"敬人、敬业、创新、高效"的企业精神和澳柯玛"自强、自立、爱岗敬业"的企业精神等市场意识、诚信观念、竞争意识、质量意识、效率意识、服务理念以及敬业融入教学过程，使学生在学科学习的过程中接受了企业文化的教育。

5. 在课外活动中将企业文化引进校园

一些中职学校在组织课外活动时，把企业所崇尚的创新意识、科技意识、创业精神等渗透到活动中去，尽可能多地体现企业特色，使活动内容和组织形式都带有"企业味"，有明显企业烙印，加深学生对企业的认识。例如开设专题讲座，邀请企业一线专家、技术骨干、学校优秀毕业生主讲职场素质、人文修养、就职技巧、人际交往等方面内容的讲座。举办"职业生涯规划"演讲比赛、"我爱我的专业"征文比赛、专业技能比赛和创业设计比赛等。通过一系列的活动，来传播和实践企业文化，让学生了解企业文化，培养学生良好的职业品质。

> 正文结论：围绕本论作结束语

总之，中等职业学校在校园文化建设中要吸收、渗透更多的企业文化，要将职业教育与专业素养教育融入校园教育教学中，从而提高学生的职业能力和职业素养，使培养出来的学生在价值观念和行为规范上更加符合企业的需求。

> 参考文献：在论文中参考过的资料

【参考文献】

1. 张俊英.学校与企业：校企互动双向介入的理论与实践.北京：中国人民大学出版社，2010.

2. 任锋，王平尧.试论企业文化与校园文化的互渗和结合.宁波职业技术学院学报，2002.

友情提示

毕业论文写作注意事项

首先，要明确主题。主题是文章的统帅，动笔之前必须想得十分清楚。主题不明，是绝对不能动手写文的。

其次，是理清思路。思路是人的思想前进的脉络、轨道，是结构的内在依据。动笔之前，对怎样提出问题，怎样分析问题，怎样解决问题，以及使用哪些材料等，都要想清楚。

第三，立定格局。所谓"格局"，就是全文的间架、大纲、轮廓。在动笔之前先把它想好"立定"，如全文分几部分，各有哪些层次，先说什么，后说什么，哪里该详，哪里该略，从头至尾都应有个大致的设想。

第四，把需要的材料准备好，将各种事实、数据、引文等找来放在手头，以免到用时再去寻找，打断思路。

第五，安排好写作时间、地点。写作要有相对集中的时间，比较安静的环境，才能集中精力专心致志地完成毕业论文写作任务。

相关链接

毕业论文写作的总体原则

1. 理论客观，具有独创性

文章的基本观点必须来自具体材料的分析和研究中，所提出的问题在本专业学科领域内有一定的理论意义或实际意义，并通过独立研究，提出了自己一定的认知和看法。

2. 论据翔实，富有确证性

论文能够做到旁征博引，多方佐证，所用论据自己持何看法，有主证和旁证。论文中所用的材料应做到言必有据，准确可靠，精确无误。

3. 论证严密，富有逻辑性

作者提出问题、分析问题和解决问题，要符合客观事物的发展规律，全篇论文形成一个有机的整体，使判断与推理言之有序，天衣无缝。

4. 体式明确，标注规范

论文必须以论点的形成构成全文的结构格局，以多方论证的内容组成文章丰满的整体，以较深的理论分析辉映全篇。此外，论文的整体结构和标注要求规范得体。

5. 语言准确、表达简明

论文最基本的要求是读者能看懂。因此，要求文章想得清，说得明，想得深，说得透，做到深入浅出，言简意赅。

任务巩固

写作实训

为自己的毕业论文做选题及材料搜集的准备。

参 考 文 献

[1] 张金英. 应用文写作基础. 北京：高等教育出版社，2002.
[2] 张德实. 应用写作. 北京：高等教育出版社，2003.
[3] 宦平. 语文. 第5版（下册）. 北京：中国劳动社会保障出版社，2010.
[4] 孟虹. 应用文情境写作. 北京：电子工业出版社，2011.
[5] 苏琳. 实用语文. 北京：机械工业出版社，2014.

参考文献

[1] 张会英. 实用英语阅读教程. 北京：石油教育出版社，2002.
[2] 张海泉. 实用日语会话. 北京：高等教育出版社，2005.
[3] 王建华，陈必彬（主编）（下册）. 北京：中国劳动社会保障出版社，2010.
[4] 郭斌. 应用文写作教程. 北京：电子工业出版社，2011.
[5] 苏瑞. 实用语文. 北京：机械工业出版社，2014.